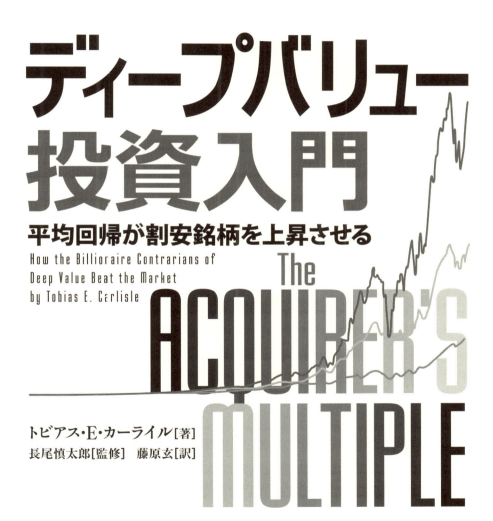

ディープバリュー投資入門

平均回帰が割安銘柄を上昇させる

How the Billionaire Contrarians of
Deep Value Beat the Market
by Tobias E. Carlisle

トビアス・E・カーライル[著]
長尾慎太郎[監修] 藤原玄[訳]

The Acquirer's Multiple:
How the Billionaire Contrarians of Deep Value Beat the Market
by Tobias E. Carlisle

Copyright © 2017 by Tobias E. Carlisle
Japanese translation rights arranged with Tobias E. Carlisle
through Japan UNI Agency, Inc.

監修者まえがき

　本書はカーボン・ビーチ・アセットマネジメントのポートフォリオマネジャーであるトビアス・カーライルの著した"The Acquirer's Multiple : How the Billionaire Contrarians of Deep Value Beat the Market"の邦訳である。ここでカーライルは、定量的なスクリーニングによるバリュー戦略について横断的な調査を行っている。バリュー投資を定性調査によるボトムアップではなく、定量的かつ機械的なスクリーニングで行いたいと希望は多くの投資家が望むことで、ウィザードブックからも『とびきり良い会社をほどよい価格で買う方法』や『グレアム・バフェット流投資のスクリーニングモデル──「安く買って、高く売る」中長期投資の奥義』などの解説書が出版されている。なかでも、グレアム・バフェット流のバリュー投資を発展させて公式に落とし込んだ、ジョエル・グリーンブラットの『株デビューする前に知っておくべき「魔法の公式」──ハラハラドキドキが嫌いな小心者のための投資入門』のバリュー戦略は有名だが、カーライルが「買収者のマルチプル」と呼ぶ指標を使ったディープバリュー戦略は、魔法の公式をはじめ、さまざまなバリュー戦略を大きく上回るパフォーマンスを上げてきたことが本書で示されている。

　これは一般的なバリュー戦略で好まれる「適正な価格の優良企業」よりも、「格安な価格の適正企業」のほうが投資対象としては望ましいということを示唆しており、その背景として企業の獲得する利益に平均回帰のメカニズムが働いていることが指摘されている。サバイバルバイアスを考慮したうえで、実際にこのような結果が得られるのであれば素晴らしいことである。

　一般に投資対象を買収の観点から評価する際に用いる指標としてはEV/EBITDAやEV/EBITなどがある。これらはエンタープライズバ

リュー（EV）を利益で除している点で、本書で説く狭義の買収者のマルチプル（EVを営業利益で除している）と同じであり、実務上はどれを使ってもそれほど大きな違いはない。ブローカーなどが提供する各種サービスを利用すれば、これらを基準にディープバリューに属する銘柄を抽出することそのものは比較的容易であるが、現実的な課題としては、それらの企業が本当に企業として適性で売り上げや利益が回復してくるまで存続できるか否かを判断すること、およびバリュー投資に付き物の長期にわたるドローダウンを投資家が信念をもって耐えることができるかということになるだろう。もっとも、本書のような軽快な入門書はそれだけで完結する投資戦略を提示しているというよりは、それをベースにして投資家個々人が自分の技術を高めていく出発点としてとらえるべきだろう。その意味では、著者の言う買収者のマルチプルもまた、株デビューする前に知っておくべき重要な公式のひとつと言うことができる。

　翻訳にあたっては以下の方々に心から感謝の意を表したい。まず藤原玄氏には正確で読みやすい翻訳を、そして阿部達郎氏は丁寧な編集・校正を行っていただいた。また本書が発行される機会を得たのはパンローリング社社長の後藤康徳氏のおかげである。

2018年8月

長尾慎太郎

ニック、ステル、トムに捧げる

目次

監修者まえがき	1
謝辞	9
まえがき	11

第1章
億万長者のコントラリアンはどのようにジグするのか　　17

第2章
若きバフェットのヘッジファンド　　39

第3章
偉大なるバークシャー・ハザウェイの乗っ取り　　49

第4章
バフェットの適正な価格の優良企業　　59

第5章
魔法の公式　　73

第6章
買収者のマルチプル　　81

第7章
市場に打ち勝つ秘訣　　95

第8章
ディープバリューのメカニック　　　　　　　　　　　109

第9章
海賊王　　　　　　　　　　　125

第10章
新たな幸運の紳士たち　　　　　　　　　　　135

第11章
ディープバリュー投資の技術　　　　　　　　　　　151

第12章
ディープバリューの8つのルール　　　　　　　　　　　163

付録――シミュレーションの詳細　　　　　　　　　　　173
注釈　　　　　　　　　　　185
著者について　　　　　　　　　　　191

謝辞

　早い段階で本書の原稿を見直してくださった方々、とりわけファーナム・ストリート・インベストメンツのジョニー・ホプキンズ、コーリン・マッキントッシュ、ジェイコブ・テイラー、ルーニー・ラッシュ、ユークリッド・テクノロジーのマイケル・セックラー、ジョン・アルバーグに謝意を伝える。そして、わが妻ニックにも感謝を申し上げる。

まえがき

Preface

「幸運なほうがよい。でも、むしろ堅実でありたい。そうすれば、幸運が訪れたときに準備ができているさ」——アーネスト・ヘミングウェイ著『老人と海』

本書は、投資におけるもっとも有力なアイデアのひとつを簡潔に説明するものだ。つまり、ジグ（最初の方向転換）である。
　ジグ？
　大衆がザグ（2番目に来る方向転換）ならば、ジグ。バリュー投資家はジグ、コントラリアンもジグである。
　その理由はこうだ。優れた価格を手にする唯一の方法は大衆が売りたいと思ったときに買い、大衆が買いたいと思ったときに売ることである。つまり、安値で買えるということである。そして、株は割安になっているということである。良いことだ。つまり、下落余地は上昇余地よりも小さくなる。もし間違っていたとしても、大きな損を被らずにすむ。正しければ、大金を稼ぐことができるのだ。
　割安銘柄を見つけたときには、その理由も見つかることが多い。つまり、業績が悪そうだ、と。なぜ業績が悪そうな割安銘柄を買うのだろうか。それは、市場には平均回帰と呼ばれる強力な力が作用しているからである。つまり、「物事は平常に戻る」という考えである。
　平均回帰が割安銘柄を上昇させる。そして、割高銘柄を下落させるのだ。成長が早く、収益力のある企業が下落し、停滞する一方で、赤字の企業が上昇するのだ。それは、株式市場、産業界、そして経済全体にも作用している。不景気のあとに好景気が訪れ、好景気のあとに不景気が訪れる。
　もっとも優秀な投資家たちはこのことを理解している。彼らは、株の運気が変わることを期待しているのだ。大衆はトレンドが永遠に続くと考える一方で、ディープバリュー投資家やコントラリアンは、時運が変わる前にジグ（方向転換）するのだ。
　平均回帰は投資家に2つの重大な結果をもたらす。

1．不人気な割安銘柄は市場に打ち勝つ傾向にあるが、魅力的な割高銘柄にはその傾向が見られない。

2．高成長の企業は停滞する傾向にある。収益力の高い企業は利益を出せなくなる傾向にある。そのまた逆も真なり、である。横ばい、または落ち込んでいる企業は回復し、再び成長を始める傾向にある。利益を出せない企業が高い収益力を誇るようになる傾向にある。

　億万長者ウォーレン・バフェットの投資手法を知っていれば、これは驚きかもしれない。彼は、割安銘柄を買うバリュー投資家である。しかし、彼が買うのは、安定して高い利益を出している企業に限られる。彼は、そのような企業を「適正な価格の優良企業（wonderful companies at fair prices）」と呼んでいる。収益力にバラツキがありながらも割安となっている企業、「格安な価格の適正企業（fair companies at wonderful prices）」よりも、「適正な価格の優良企業」を好むのだ。

　億万長者のファンドマネジャーであるジョエル・グリーンブラットはバフェットの「適正な価格の優良企業」を検証している。彼はそれが市場に打ち勝つことを発見し、それを2006年に『**株デビューする前に知っておくべき「魔法の公式」**』（パンローリング）という優れた1冊にまとめている。この本はこれまで書かれた投資関連本のなかでもっとも素晴らしい1冊である。

　われわれもグリーンブラットの主張を独自に検証してみたが、彼が完全に正しいことが分かった。バフェットの「適正な価格の優良企業」は市場に打ち勝つのだ。だが、ここでひと捻り。「格安な価格の適正企業」はそれ以上の結果を残しているのだ。

　本書では、このような「格安な価格の適正企業」の見つけ方を示していく。そして、それらの企業がバフェットの「適正な価格の優良企業」に打ち勝つ理由を平易な言葉で説明していく。

　われわれは2012年にその検証結果を書籍にまとめ、私自身も2014年に『ディープバリュー（Deep Value）』として改めて発表している。バ

リュエーションやコーポレートガバナンスに関する高価で、学術寄りの書籍としてはうまくいったと思うのだが、私は一般の投資家でも手にすることができる、本書のような本を書きたかったのだ。

　本書は、「格安な価格の適正企業」に関するポケット図鑑となることを意図したものだ。コントラリアンのメッセージを広めることが本書の使命である。本書は、私がこれまでに著した『ディープバリュー』『クオンティタティブ・バリュー（Quantitative Value）』『コンセントレイティド・インベスティング（Concentrated Investing）』にある、もっとも優れたアイデアを集めたものである。本書では、それらのアイデアを簡潔にまとめ、また拡張させている。

　私がハーバード大学、カリフォルニア工科大学、グーグル、NYSSA（ニューヨーク証券アナリスト協会）CFA LA（ロサンゼルスCFA協会）などで話した内容が本書のもととなっている。

　私の取り組みは、フォーブス、ハーバード・ビジネス・レビュー、ジャーナル・オブ・アプライド・コーポレート・ファイナンス（The Journal of Applied Corporate Finance）、ボブ・クリアリーの『イントロダクション・トゥ・コーポレート・ファイナンス（Introduction to Corporate Finance）』やジョン・ミハルジェビックの**『バリュー投資アイデアマニュアル』**（パンローリング）でも取り上げられている。また、ブルームバーグのテレビやラジオ、ヤフー・ファイナンス、スカイビジネス、NPRでも話をしてきた。

　私の主張に対しては、「信用できない」という反応が大勢を占めた。その理由は何であろうか。多くの人が、私のアイデアは直観に反するもの、世界の動き方に関するわれわれの直観とは相いれないものと感じたようだ。しかし、直感で理解した者もわずかながら存在した。

　本書を読むにあたっては、弁護士、証券アナリスト、ハイテクの天才である必要も、またハーバード大学を卒業した学歴も必要ない。バ

フェットは1984年にこう記している。「1ドルを40セントで買うという考えが人々に即座に伝わるか伝わらないかは、私には重要なことである[1]」

ビジネスに関する正規の教育を受けていない者でも、投資におけるバリューアプローチはあっという間に理解され、5分後にはそれを利用しようとする。

本書では、データと私の論拠を示している。われわれは、億万長者のディープバリュー投資家による実際の銘柄選択の詳細を目撃することになる。

- ウォーレン・バフェット
- カール・アイカーン
- ダニエル・ローブ
- デビッド・アインホーン

バフェットと彼の師であるベンジャミン・グレアム、ならびにそのほかのコントラリアンたちの戦略を目にすることになる。

- 億万長者トレーダーのポール・チューダー・ジョーンズ
- ベンチャーキャピタリストである億万長者のピーター・ティール
- グローバルマクロの投資家で、億万長者である**『ヘッジファンドの帝王』**（パンローリング）の著者のマイケル・スタインハルト
- テールリスクヘッジャーで、億万長者である**『ブラックスワン回避法』**（パンローリング）の著者のマーク・スピッツナーゲル

本書は数時間で読めるようにコンパクトにまとめられている。それは、株式市場にどっぷりつかった人々に宛てたものではなく、私の子供たちや家族や友人などの賢明な普通の人々に宛てたものである。つ

まり、平易な言葉で分かりやすく書いているということだ。株式市場の専門用語を定義しなければならないときは、できるかぎり簡単にするよう心掛けた。また、本書にはたくさんの表や図が出てくるが、それは大衆がザグならば、ジグであることがなぜ重要かを説明するためである。どうして「格安な価格の適正企業」が市場や「適正な価格の優良企業」に打ち勝つのかを学ぶことになる。では、始めよう。

第1章

億万長者のコントラリアンは
どのようにジグするのか

How The Billioaire Contrarians Zig

「市場に打ち勝つためには、市場と一緒ではダメなのだ」――ジョエル・グリーンブラット（2017年4月4日、グーグルでの講演。『株デビューする前に知っておくべき「魔法の公式」』『グリーンブラット投資法』[いずれもパンローリング]の著者）

ジグ（動詞）　急に方向転換すること。
ザグとの対比で用いられる。「大衆がザグなら、ジグ」

　億万長者のディープバリュー・コントラリアンは、大衆がザグのとき、ジグする。
　彼らは大衆が売りたいものを買い、大衆が買いたいと思ったときに売るのだ。

彼らは下落している銘柄を
　　　　　下落している銘柄を
　　　　　　　損を出している銘柄を
　　　　　　　　　破産しそうな銘柄を
　　　　　　　　　　　破産した銘柄を

　だが、彼らがそうするのは、その銘柄が大幅に割安となった場合だけである。
　億万長者のバリュー投資家であるウォーレン・バフェットが「ほかの投資家が貪欲になっているときは慎重に、彼らが慎重になっているときは貪欲にあろうとしている」と述べたことはよく知られている。別の言い方をすれば、大衆がザグならば、バフェットはジグなのだ。
　バフェット同様に、億万長者の乗っ取り屋カール・アイカーンもバリュー投資家である。彼は、「コントラリアン中のコントラリアン[2]」と呼ばれている。UBS投資銀行部門の元代表であるケン・モエリスはアイカーンについて次のように述べている。「彼は、考え得るもっとも悪い瞬間、明るい展望もなく、だれもが反対するようなタイミングで買うのだ[3]」。アイカーンがその理由を説明している[4]。

　　だれもが同意する考えというのはたいていは間違っている。大衆

のトレンドに合わせて行動すれば、ツキは常に離れていく。だからこそ、私は魅力のない、たいてい不人気な企業を買うのだ。不人気な業界であれば、なお良し、である。

大衆がザグならば、アイカーンはジグ。

億万長者トレーダーのポール・チューダー・ジョーンズもコントラリアンとして有名である。ジャック・D・シュワッガーの『**マーケットの魔術師**』（パンローリング）のなかで、彼は次のように述べている。

新高値を付けると市場が絶好調のように思えるが、そのときこそが売り時であることが多い。優れたトレーダーとなるためには、ある程度コントラリアンでなければならない。

市場がザグならば、ポール・チューダー・ジョーンズはジグ。

億万長者投資家のピーター・ティールは自ら選択した銘柄の「スイートスポット」を、20ページの図で説明している。

ティールにとっての「スイートスポット」とは、大衆にとっては悪いアイデアに思える良いアイデアのことである。しかし、ティールは、それを良いアイデアである可能性がある、と考えるわけだ。

大衆がザグならば、ティールはジグ。

グローバルマクロの投資家で億万長者のマイケル・スタインハルトは、1995年までの30年間で投資家の資金を500倍弱にもしてのけた。自伝『**ヘッジファンドの帝王――ウォール街を勝ち上がった男の光と影**』（パンローリング）のなかで、スタインハルトは、とあるインターンに自分が探しているものをどのように教えたかを説明している。[5]

スイートスポット——悪いアイデアのように思える良いアイデア

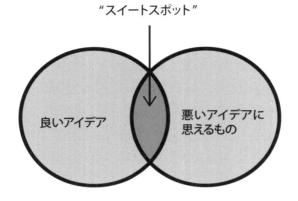

出所＝ポール・グラハム著『ブラック・スワン・ファーミング（Black Swan Farming）』
http://www.paulgraham.com/swan.html

　私が彼に言ったのは、理想を言えば、4つのことを2分で説明できなければならないということだ。つまり、①アイデア、②大多数の意見、③彼独自の意見、④トリガーとなるイベント——である。これは至難の業である。独自の意見がないような投資には……興味もないし、投資自体を思いとどまるであろう。

　スタインハルトが言う「独自の意見」とは、大衆のそれとは異なる見立てのことである。大衆がザグならば、スタインハルトはジグを目指すのだ。

　グローバルマクロの投資家で億万長者のレイ・ダリオは次のように述べている。

コンセンサスは価格に織り込まれているので、市場で成功するためには、独自の考えを持たなければならない。一般のコンセンサスとは異なる意見を持たなければならないのだ。

ダリオは、市場に勝つためにはジグでなければならないと言っているのだ。

ディストレス債の投資家で億万長者のハワード・マークスは「優れた投資結果を手にするためには、価値に関してコンセンサスとは異なる意見を持たなければならず、またその意見は正しくなければならない[7]」と述べている。ベンチャーキャピタリストのアンディ・ラックレフは、マークスは２×２のグリッドで投資を考えているという。次ページにそれを図示した。

横軸は「コンセンサス」、つまり大衆とともにあるか、「非コンセンサス」、つまりジグであるか。縦軸は、正しいか間違っているか、ということだ。ラックレフはこのグリッドを22ページの図のように説明している[8]。

間違っていれば、お金が稼げないことは言うまでもない。投資家として、また起業家として並外れたリターンを生み出す唯一の方法は、コンセンサスと異なる、正しい意見を持つことだ。

間違っていたり、大衆とともにザグであっては、市場に打ち勝つことはない。

最後に、多くの新人投資家にとってのサプライズをひとつ。正しくても、大衆とともにザグであっては、市場に打ち勝つことはできない。正しくても、大衆がすでにその銘柄が優れたものだと考えていたら、市場に打ち勝つことはできない。お分かりだろうが、その銘柄に対する大衆の期待を反映した高い価格を支払うことになるからである。その

特大のリターン——正しく、かつコンセンサスと異なる場合に生まれる

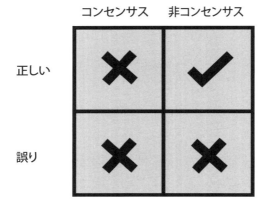

出所＝アンディ・ラックレフ『デミスティファイング・ベンチャー・キャピタル・エコノミクス パート1（Demystifying Venture Capital Economics, Part 1）』
https://blog.wealthfront.com/venture-capital-economics/

銘柄が彼らの高い期待に応えたとしても、市場に打ち勝つことはできないのだ。

　大衆とともにザグであっては、市場に打ち勝つことはできないのだ。市場に打ち勝つためには、大衆がザグのとき、ジグでなければならない。その理由はこうだ。安い価格を手にする唯一の方法は、大衆が売りたいものを買い、大衆が買いたいと思うときに売ることである。

　安い価格とは、株式の価値よりも価格が低い、ということである。つまり、下落余地は小さく、上昇余地は大きい不公平、かついびつな賭けなのだ。下落余地が小さいということは、最悪のシナリオがすでに株価に盛り込まれているということだ。これがわれわれにとって誤りの許容範囲となる。仮に間違えていても、それほど多くの損を被ることはない。正しければ、大金を稼ぐことになる。上昇余地のほうが大きいということは、仮にわれわれが成功より失敗することが多かった

としても、収支はトントンになるということだ。失敗する回数をどうにか上回る成功を収められれば、結果は良くなるのである。

しかし、ただコントラリアンになるだけでは不十分だ。われわれは同時に正しくなければならない。スタインハルトは次のように述べている。「コンセンサスが間違っているときにコントラリアンとなり、正しい判断を下すことができれば、金の指輪を手に入れることになる。それほど多く出来することではないが、そうなれば尋常ならざるお金を手にすることになる[9]」

バリュー投資家で億万長者のセス・クラーマンは「バリュー投資は、根本的にはコントラリアンのひらめきとそろばんとの結婚である[10]」と述べている。クラーマンは、われわれには為すべきことがあるという。大衆が株式を欲しがらないだけでは不十分である。その銘柄を買うかどうかを見極めなければならない。そのために、企業のファンダメンタルズに目を向けるのだ。

企業のファンダメンタルズとは何であろうか。バフェットの師であるベンジャミン・グレアムは企業の所有権こそが株式であると、バフェットに指導している。単なるティッカーシンボルではない。所有者のように考えるということは、次の3つの意識を持つということである。

1．企業が何をしているかを知るべきである。その事業は何か、どのようにお金を稼いでいるのか。
2．企業が何を保有しているかを知るべきである。その資産は何か。その負債は何か。
3．だれが経営し、だれが所有しているかを知るべきである。経営陣は良い仕事をしているか。大株主は経営に注意を払っているか。

投資家は企業という言葉と、その代わりとして事業という言葉を使うことがある。この２つは別物である。企業は法人であり、資産を保有し、従業員を雇用し、契約を締結する。訴えることも、訴えられることもできる。事業とは、利益を上げることを目的にグッズやサービスを販売する行為である。株主は企業の株式を保有する。企業は事業と資産を保有するのだ。

　事業は価値あるものとも、無価値のものともなり得るが、継続して損失を出しているならば、無価値以外の何物でもない。また、企業は高い価値を持ち得るし、債務超過になればマイナスの価値ともなり得る。多くの投資家が事業の果実である利益には絶えず注目するが、現金を含めた資産は無視している。

　割安銘柄が安いと考えるのは、事業がひどいものか、経営状態が悪いことが理由である。魅力的で、成長性が高く、また収益力の高い事業には高い価格が付く。アンダーバリュエーションは、低成長、利益の減少、損失、倒産の危機の結果である。では、たとえ割安だとしても、どうして事業が振るわない企業を買うのだろうか。

　それには３つの理由がある。

１．価値ある資産を保有している可能性がある。大衆は、当該企業が保有する現金や資産を無視して、事業だけを根拠に株式を売却することが多い。
２．一見危うく、ひどい、または退屈と思える事業が、実際にはそれほどではないことが多い。
３．経営状態の悪い企業は、それらを取得し、再生させることができる外部投資家を引きつける。それこそが、プライベートエクイティ会社やアクティビスト投資家の生業である。しかし、株主はほかの投資家の登場を待つ必要はない。彼らにはオーナーとしての権利があり、総会で投票することでその権利を行使することがで

きる。十分な議決権があれば、株主は企業の誤った方針を転換させることができるのだ。

これら3つの理由が、計算高いコントラリアンに機会をもたらすのだ。それゆえ、われわれは損失を出している、または悪いアイデアと思われるような企業を探しだそうとするのであり、それゆえわれわれは大衆を無視するのだ。不人気な割安企業がジグ、つまり他者が極めて安い価格で売りたいと思っている価値ある何かを取得するチャンスを提供するのである。

事業が一時的な問題に直面すると、企業は割安となり、大衆はこれに過剰反応を示す。あるいは、事業が退屈なものだと、大衆は我慢できなくなってしまう。割安となっている企業の事業が危うく、ひどく、または退屈なものであるときに必要となるのが、時間である。十分な時間があれば、当初考えられていたよりも、危うく、ひどく、または退屈なものではなくなる事業が多いのだ。価値ある資産を大量に保有している、一見、不振に陥っている事業こそが、良い買い物となり得るのだ。事業が改善すれば、それは優れた買い物となるわけだ。

では、ひどい事業が時間とともに改善するかどうかをどのようにして見分けるだろうか。われわれには見分けることはできない。だが、多くのひどい事業がやがて改善することをわれわれは知っている。その理由は、平均回帰として知られる市場の強力な力である。これは、「物事は正常に戻る」という簡潔な考えを表す専門用語である。

平均回帰が割安銘柄の株価を上昇させ、また割高銘柄の株価を下落させるのだ。

成長が早く、収益力の高い事業が不振になり、利益が低迷したり、損失が拡大している事業が羽ばたくことになる。

平均回帰は、株式市場、産業および経済全体でも機能する。われわれは、ビジネスサイクルの好況不況や、株式市場の天井と底としてそ

平均回帰——物事は正常に戻る

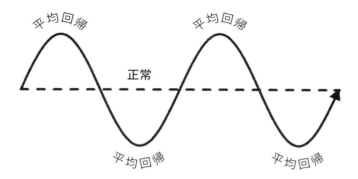

れを認識しているのだ。

　平均回帰は期待できる結果であるが、人々がそれを期待することはない。その代わり、人々は本能的にトレンドを見いだし、それを予測しようとする。終始、冬の時代にある銘柄もあれば、暖かい時代にある銘柄もあると考えるのだ。だが、やがては夏のあとには秋が訪れ、冬は春を迎えることになる。

　これこそが、コントラリアン投資の秘訣である。転換点は隠れているのだ。四季の移ろいのように予見可能なものであれば、そのパターンを即座に見いだすことであろう。しかし、それはランダムなのだ。

　では、平均回帰の要因は何であろうか。高成長の収益力ある企業はどのようにして平均まで落ち込むのであろうか。割安銘柄はどのようにして適正な価値まで上昇するのだろうか。

　かつてベンジャミン・グレアムは、それを「事業が持つミステリーのひとつ[11]」であると説明した。彼は少しばかり控えめであったが、ミ

推定──トレンドを見いだし、それを推定する

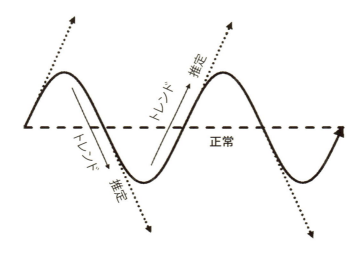

競争──成長と利益が競争を招来する

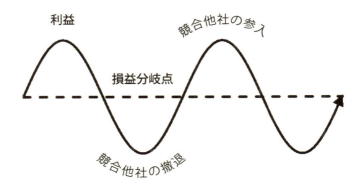

クロ経済が出した答えはシンプルだ。その答えは、「競争」である。

　早い成長と大きな利益が競合、つまり関連する事業を営む起業家や事業を引きつける。そして、競合他社が成長と利益を食いつぶすのである。

　損失が出ると競合他社はつぶれるか、単に業界から撤退し、競合他社がいなくなったことで生き残った事業が高い成長と利益とを享受するようになる。

　バリュー投資家で億万長者のジェレミー・グランサムは利益が平均に回帰することを知っている[12]。

> 利益率はファイナンスの世界でもっとも平均回帰の特性を示すものであろう。利益率が平均に回帰しないとしたら、それは資本主義に何らかの問題があるのだ。高い利益が競合他社を引きつけないとしたら、制度になんらかの問題があり、それゆえに正常に機能しないのである。

　バフェットも同意見だ。1999年、彼は利益が長期間高いままであると考えるのは楽観的にすぎると述べている。彼の言葉である。

> 「企業の利益を」低迷させ続ける要因のひとつは競争であろう。それはいまだ健在だ[13]。

　競合他社の満ち引きが事業レベルでの平均回帰を引き起こすが、では、企業レベルでは何が要因となるのだろうか。割安や割高の銘柄はどのようにして適正価値に戻るのであろうか。その答えは、ほかの投資家たち、ファンダメンタルズに依拠する投資家たち、つまりバリュー投資家の存在にある。

ファンダメンタルズ──割安であることが投資家を引きつける

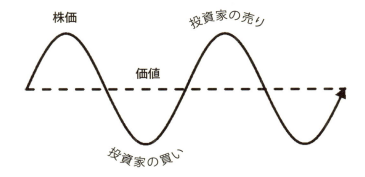

　割安の資産や利益が投資家を引きつけるのだ。バリュー投資家やほかのファンダメンタルズに依拠する投資家たちが株式を買い始め、そして株価は上昇する。

　これらの投資家は、資産や利益が割高となれば売る。そして、彼らの売りが株価を下落させるのである。

　平均回帰は投資家にとって2つの重要な意味を持っている。

1. 不人気な割安銘柄は市場に打ち勝つ傾向にある。株式が割安になればなるほど、リターンは大きなものとなる。バリュー投資家は時価とその価値との差を安全域と呼んでいる。安全域が大きければ大きいほど、リターンは優れたものとなる。それゆえ、われわれは「落ちるナイフをつかもうとするな」という格言のたぐいのアドバイスを無視するのだ。割安銘柄は、安全域のない、魅力的で、割高な銘柄よりもリスクが少ないのである。

安全域──大きければ大きいほど、リターンは良くなる

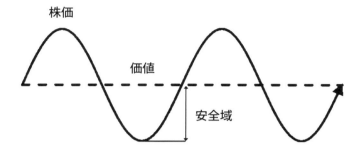

過剰反応──利益を過大または過小評価する株価

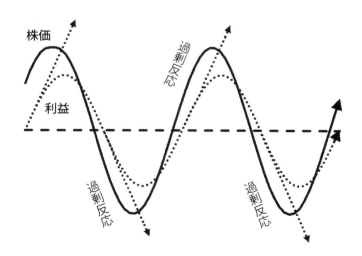

最悪のシナリオ──買うべきとき

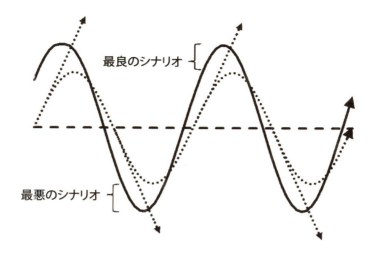

2. 高成長または収益力の高い事業は低迷し、収益力を失う傾向にある。一方、低迷しているか、赤字の事業は回復する傾向にある。

　投資家は、持続不可能な成長や利益に過大な価格を支払うことで、誤りをより大きなものとしてしまう。彼らは利益のトレンドを推定して、株式を買うのである。株価が予想どおりの成長なり利益なりを達成したとしても、獲得するリターンは市場並みのものとなる。もし予想どおりにならなければ、痛い目に遭うのだ。
　バリュー投資家はこの取引の反対側につく。株価が最悪のシナリオの価格よりも割安となっていれば、最悪のシナリオでも市場に打ち勝つリターンがもたらされることになる。最悪のシナリオよりも良いことが起これば、つまり利益や成長を取り戻したら、リターンは膨大なものとなるのである。
　それがいつ起こるかは分からないが、バリュー投資家やコントラリ

ジグ──コントラリアンは平均回帰を期待する

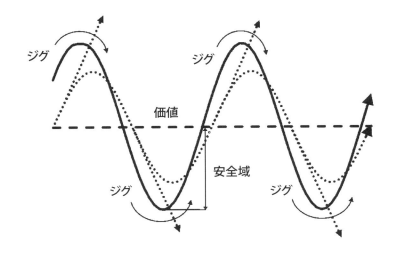

アンたちは株式のツキが変わることを期待するのである。

　彼らは、利益が低迷していたり、損失が拡大しているといった最悪と思われるとき、そして株価がゼロになるまで下がり続けるように思われるときに、株式を買うのである。それこそが最悪のシナリオであるが、株式は割安となっているので、大きな安全域がある。それこそが、「買い時」である。

　クラーマンが言うとおり、「不確実性が高いと株価は安くなるものであるが、不確実性が解消されるまでには、株価は上昇を始めているであろう[14]」。

　彼らはまた、最良と思われるとき、つまり利益が大きく、また急速に拡大し、それが未来永劫続くかのように思われているときに株式を売るのだ。株価は急上昇している。それこそが最良のシナリオである。しかし、株価は割高となっており、安全域はないのであるから、「売り時」なのである。

大衆が利益や株価のトレンドが継続すると想定しているときに、バリュー投資家やコントラリアンはジグするのである。

魔法の公式

「株式市場でウブなコンセンサスに従えば、非常に高くつくことになる」——ウォーレン・バフェット（1979年のフォーブス誌）

バフェットは割安銘柄を買う。彼が、安定して高い利益を出している小規模で、特定の企業だけを買うことを思い出してほしい。彼はそのような企業群を「適正な価格の優良企業」と呼んでいる。そして彼は「格安な価格の適正企業」、つまり収益力にばらつきがあっても割安となっている企業（このコンセプトはあとの章で詳しく取り組むつもりである）よりも、それらを好むのだ。

ジョニル・グリーンブラットは、バフェットの「適正な価格の優良企業」という考えを簡潔にまとめ、その検証を行っている。彼はそれが市場に打ち勝つことを発見し、それを『株デビューする前に知っておくべき「魔法の公式」』にまとめている。彼はバフェットの簡潔極まる「適正な価格の優良企業」という考えを「魔法の公式」と呼んでいるのだ。

その著書のなかで、グリーンブラットはどのように検証を行ったかを説明しているが、本書でもそれを再現している（われわれの検証とその結果は第7章に詳しく記している）。われわれはグリーンブラットとまったくの同意見だ。34ページの図で示すとおり、魔法の公式は市場に大きく打ち勝っているのである。

グリーンブラットが主張するとおり、魔法の公式は市場に打ち勝つ。では、その本当の理由は何であろうか。

ここでひと捻り。「格安な価格の適正企業」——われわれはこれを

1973年に魔法の公式とS&P500に１万ドルを投資したときの比較（1973〜2017年）

時価総額が5000万ドルを超える30銘柄

「買収者のマルチプル」と呼ぶ——はそれよりも良い結果を残しているのだ。

　この検証では、収益力を無視して、もっとも割安となっている銘柄を買っている（われわれが行った検証とその結果の詳細はあとの章で記す）。

　われわれの検証では、買収者のマルチプル、つまり「格安な価格の適正企業」が、魔法の公式、つまり「適正な価格の優良企業」を打ち負かしている。どうやら、安全域の大きさ、つまり市場価格が真の価値からどれだけ割安となっているかが、収益力よりも重要なようである。

　高い利益は平均に回帰し、利益の減少が魔法の公式のリターンを低減させるのだ。買収者のマルチプルで買う銘柄は、利益にばらつきがある。収益力の高い銘柄もあれば、収支トントンといった銘柄もあり、損失を出しているものすらある。買収者のマルチプルは株価が真の価

1973年に買収者のマルチプルと魔法の公式とS&P500に1万ドルを投資したときの比較（1973～2017年）

時価総額が5000万ドルを超える30銘柄

値に回帰すること、そして事業が改善することに賭けているのだ。

これは、「適正な価格の優良企業」は「格安な価格の適正企業」よりも良いというバフェットは誤りだ、ということではないだろうか。バフェットが好む「適正な価格の優良企業」は、利益の平均回帰という考えに反しているのではないだろうか。簡潔に答えれば、「ノー」である。

バフェットは、持続可能な利益を上げている銘柄、彼が「堀（モート）」と呼ぶ、競争優位を持つ銘柄を探している。堀とは、ある事業が競合他社に打ち勝つことを可能とする何か、である。

堀の源泉は数多くある。ある事業がより安価にウィジェットを製造し、それをより高く売ることができれば、もしくは競合他社よりもたくさん売ることができるのであれば、堀があることになる。

例を挙げれば、特許は堀である。特許とは独占的に開発する権利である。これがあれば、競合他社が同じ開発をすることを20年間禁ずる

ことができる。その開発をほかのだれもマネすることができないのであれば、特許の所有者は独占的に販売できるわけで、利益を最大化する、いかなる価格を付けることもできることになる。

　有名なブランドもまた堀である。コカ・コーラは自社のコーラに、ストアブランドのコーラよりも高い価格を付けることができる。これは独占ではないが、コカ・コーラは競合他社よりも、１缶当たりで高い利益を獲得することが可能となる。

　投資家にとって問題となるのは、高い利益を維持できる事業を見いだすことの難しさである。どの事業が利益を維持するかを予見することはできない。たとえ、過去の大きな利益とその理由、そして堀を探し出したところで、ほとんどの事業は時間の経過とともに収益が減少するのだ。あとの章において、科学的・再現可能な方法で堀を見いだしてみたいと思う。しかし、われわれが利益を維持できる事業を見いだせる可能性は、コインを投げるのとさして変わらない。それには次の３つの理由がある。

１．堀を持つ事業はほんのわずかである。ほとんどの事業が堀を持っていない。その事業が本物の堀を持っているのかどうかを、そのビジネスサイクルの頂点で判断するのは難しい。
２．堀は、高い利益を保証するものではない。コカ・コーラというブランドは、競合他社よりも高い価格を付けることを可能にはするが、市場の選好がほかの炭酸飲料やミネラルウオーターに移ってしまえば、コカ・コーラの利益は減少するのだ。
３．堀は未来永劫続くものではない。かつて新聞は堀を持っていた。ある都市で広告を打ちたいと思えば、地元の新聞に広告を出していた。それ以外に方法がなかったのである。しかし、インターネットがこの関係を変えてしまった。いまや、グーグルやフェイスブックで広告を打つことができるのである。

バフェットは優れた事業アナリストであり、おそらくは史上最高の存在であろう。彼の高い記憶力、計算の才能、そして事業の分析に人生をかけてきたことが彼を特別な存在としているのだ。彼には、継続的な収益力をもたらす堀を見いだすための第六感があるのだ。しかし、彼は当初から「適正な価格の優良企業」に投資をしていたわけではない。

　バフェットは当初、バリュー投資のコントラリアンであった。彼が「格安な価格の適正企業」から転向した1972年には、現在のドル価で2億ドルに相当する340万ドルを保有する大金持ちであったのだ。次の第2章では、まず彼の初期の投資のひとつを取り上げたいと思う。

第 2 章

若きバフェットのヘッジファンド

Young Buffett's Hedge Fund

「私は1950年代に最高の利益率を達成した。その数字は知っていると思うが……100万ドルで年に50%は獲得していたと思うよ。いや、たしかにそうだった。保証するよ」——ウォーレン・バフェット（『ビジネスウィーク』1999年7月5日付）

その事業は悲惨なものだった。巨大かつ詳細な紙製の地図を製造していた。小さな都市の地図ですら20キロ以上の重さになるのだ。地図の更新を求める顧客がいれば、古くなった部分に貼るシールを郵送する。そういうことを、75年間やっている企業がある。20年前、この会社は独占状態にあり、年平均700万ドルの利益を上げていた。しかし、今ではより優れた技術との競争を強いられている。顧客だった会社が合併したり、また経費を削減したりするなかで、顧客数も減小した。利益は80％以上減少し、年100万ドルにも満たなくなった。過去８年間で、５回も減配している。しかし、27歳のウォーレン・バフェットは、自ら目にしたその企業を気に入った。

　この企業とはサンボーン・マップで、6000万ドルの現金を保有し、投資価値は１株当たり65ドルであった。しかし、株式は45ドルで取得が可能である。バフェットは自らのヘッジファンドの投資家に手紙を送った。彼はこう記した。株価が45ドルということは、この地図制作会社は１株当たりマイナス20ドル（45ドル－65ドル＝－20ドル）の価値がある、もしくは地図事業は１ドル当たり69セント（45ドル÷65ドル＝0.69）でポートフォリオに組み込むことができるということだ。いずれにせよ、割安だ。これこそ、古典的なベンジャミン・グレアムのバリュー投資である。

　ベンジャミン・グレアムはバフェットにシンプルかつ強力なアイデアを授けている。つまり、１ドルを50セントで買え、と。当時のバフェットは、そのような銘柄を見いだすことに時間を費やしていた。しかし、それは容易なことではなかった。本物の１ドルが50セントで売られているわけがない（偽ドルは売られているが）。しかし、グレアムは、50セントで買える１ドルを見つける方法をバフェットに授けたのだ。

　グレアムは、１ドルを保有する企業の株式を50セントで取得することで手に入れることができる場合があることをバフェットに示した。そ

れは素晴らしい取引ではあるが、バフェットが1ドルを管理するわけではない。それをするのは企業である。彼は自ら投じた1ドルを企業が大切に扱うことを確実にする必要があった。

サンボーン・マップの場合、バフェットは1ドルが69セントで取引されていることを発見する。しかし、どのようにして1ドルを保全するのか。バフェットのヘッジファンドは手に入るかぎりの株式をすべて取得したのだ。要するに、10万5000株発行されている株式のうち、4万6000株を買ったのである。企業の株式を43.8％（4万6000÷10万5000＝43.8％）保有することで、バフェットは同社を支配することができたのだ。バフェットは取締役会に、1株当たり65ドルを株主に還元するよう持ちかける。取締役会はこれを拒絶した。

バフェットは即座に行動を起こした。バフェットは自らのヘッジファンドが保有する議決権を利用して、自ら取締役に就任した。初めて参加した取締役会で、彼は株価がそれほど安くなっていた理由を知ることになった。ほかの取締役たちは、サンボーン・マップ最大の顧客企業の社員だったのだ。彼らは株式を保有しておらず、ただ、地図を安く売ってほしいだけだったのだ。バフェットは同社に資産を売却し、投資家に資金を還元するよう改めて提案する。そして、ほかの取締役はこの提案を却下した。

次の取締役会で、バフェットは資産を活用して、希望する投資家の株式を買い上げるよう持ちかけた。取締役会は、バフェットとのプロキシーファイトを回避する（株式の43.8％を保有するバフェットが勝利するのは確実である）ことを条件に、これに合意した。全体で株式の72％を保有する1600人の株主の半分が、この買い取りに応じた。現金ではなく、45ドルの株式に対し65ドルの投資を受け取ることに同意した株主は、自らの投資から44.4％のリターン（65ドル÷45ドル＝44.4％）を獲得する。

サンボーン・マップは、バフェットが行った儲かる投資の典型であ

り、大衆がザグであれば、ジグたらんとするバフェットの本能を示す好例である。市場は地図事業が衰退する様子を眺めていた。利益は20年以上にわたり継続的に減少していたのだ。しかしバフェットは、資産価値、つまり現金と投資で1株当たり65ドルに対して、利益が80％減少したことを見ていたのである。

バフェットのヘッジファンドの戦略

「私のケシモク戦略は、運用資金が小さい間は、きわめてうまく機能した。実際に、私が1950年代に手にしたタダ同然の一服の多くが、相対的にも絶対的にも、人生で最高のパフォーマンスとなったのである」──ウォーレン・バフェット（1989年の「会長からの手紙」）

バフェットは、自身最高のリターンは1950年代に獲得したと何度となく述べている。1957年、彼はバフェット・パートナーシップという名のヘッジファンドを立ち上げる。彼はキャリアの前半にどのような投資を行っていたのであろうか。彼は、1ドルを50セントで買える、グレアムのルールに合致する割安銘柄を探していたのだ。

グレアムは、この1ドルの価値のある50セントに別の名前を付けていた。「シケモク」である。「一吹かし分だけを残して通りに放られたシケモクではそんなに煙は出ないかもしれないが、『掘り出し物』であれば、その煙のすべてが利益になる[15]」と彼は述べている。1985年のサンボーン・マップはシケモクの典型的な例であった。1959年、彼はもうひとつのシケモクを発見する。デンプスター・ミル・マニュファクチャリング・カンパニーである。

バフェットは、サンボーン・マップの支配権を巡って戦いを続けていたころに、デンプスター・ミルを買い始めている。デンプスター・

ミルは、風車やポンプやタンクなどの農業器具や施肥用機材を生産していた。同社は困難に陥っていた。事業の収益力はほとんどなく、風車の生産数は販売数を上回り、小さな事業の割にはあまりに多くの在庫を積み上げていたのだ。

デンプスター・ミルの利益が低迷していることを見た投資家は、肥大化した在庫も含めた運転資産の価値の半分まで株価を下落させる。バフェットは、現金、売掛金、在庫からすべての債務を差し引いた運転資産の価値の純額を1株当たり35ドルと見積もる。彼は、有形資産の簿価、つまり同社が保有する実物資産のうち債務に充当されない額はさらに高く、50～75ドル程度になると予測していた。彼は1株当たり16ドルで株式を取得することができた。同社の事業はけっして収益力があるわけではない。しかし、肥大化した在庫を削減することができれば、儲かる投資となり得るのだ。

1956年、バフェットはたった16ドルで株式を買い始める。その後、5年間にわたり株式を買い続け、平均価格28ドルで小規模なポジションを保有することになる。1962年のヘッジファンドの書状のなかでバフェットは「産業の状況が相当に厳しいなかにあって、経営がおそまつである」[16]ことが、株価が割安となっている原因であると記している。経営陣は在庫の問題を無視し続けたのだ。デンプスター・ミルの取引銀行は神経質になりだした。銀行は、貸し付けを引き上げ、会社を清算すると脅したのである。バフェットは速やかに行動しなければならなかった。

サンボーン・マップのときと同様に、バフェットは自らの支配株式を利用して、取締役の座に就いた。経営権を獲得するや、バフェットは在庫や同社の保有するほかの資産を売却する。彼が売却した資産は現金に姿を変え、自社株買いに充てられた。

バフェットは、不必要な注目を引きつける前にすべてをやり遂げてしまった。しかし、彼がその仕事を終えるまでに、ネブラスカ州ベア

トリスの住人たちは、彼が町唯一の工場を売却しようとしていることを知って激怒する。地元の新聞は工場を守ろうと一面でキャンペーンを張った。圧力を受けたバフェットは、工場を創業者の孫に譲り渡した。地元の新聞はこの売却を祝うべく、大騒ぎとなった。

地元の人々は目先の戦いには勝利したかもしれないが、戦争に勝ったのはバフェットである。彼のヘッジファンドは、投資額の3倍に当たる2000万ドルを手にした。これもまた、大衆がザグであれば、ジグとなることで収益を獲得する一例であろう。

デンプスター・ミルを保有していることを明らかにした同じ手紙のなかで、バフェットは彼の投資戦略を説明している。彼は自らの投資を3つのグループに分けているという。

1．ジェネラル
2．ワークアウト
3．コントロールシチュエーション

ジェネラルとは、単なる割安銘柄のことである。バフェットはその価値に対して大幅に割安となっている銘柄を買い、市場が株価をある価値まで押し上げたときに売却する。

ワークアウトとは、発射待ちの銘柄である。市場のアクションを待つことなく、ほかの何らかの力がそれらの銘柄を発射台に乗せるのだ。その力とはコーポレートアクションであり、資本の還元や自社株買い、清算または事業の売却といった大きなリターンをもたらす取締役レベルの決定事項のことである。

バフェットが割安銘柄とするジェネラルが長期間にわたって割安となっている場合、コントロールシチュエーション（支配権を持つべき状況の銘柄）となる可能性がある。その場合、バフェットは当該企業の支配権を獲得するまで買い続けるのだ。デンプスター・ミルは当初、

単なる割安銘柄でしかなかったわけだ。株価が動かなければ、バフェットが動くのである。

　5年をかけて、バフェットはデンプスター・ミルの支配権を獲得する。役員に就任すると、同社の価値を高めるべくいくつかの取り組みを行う。それらのコーポレートアクションによって、デンプスター・ミルの価値は1株当たり50ドルから、72ドル、さらには80ドルまで増大する。バフェットは、1株当たり平均たった28ドルで取得しているので、彼が手にしたリターンはさらに大きなものとなった。

　仮にバフェットが動きだす前にジェネラルが上昇すれば、売却するだけである。株価が動かなかったり、下落したりすれば、彼は買い増すのだ。企業を支配できるかどうかがバフェットにとっては重要である。なぜなら、それは自らの持ち株の運命を支配することになるからである。株価が上昇するか、バフェットが乗り込んで、問題を解決しさえすれば良いのだ。株価が下落しているか、横ばいであれば、なおのこと良いのだ。いずれにせよ、バフェットは悠々と市場に打ち勝つのだ。

便乗

　バフェットは、支配権を獲得しようとする投資家の背後で投資を行うことを好んだ。1961年の手紙のなかで、彼はこれを「便乗」と呼んでいる。彼は自らジェネラルと呼ぶ銘柄の多くでこれをやっていたのだ[17]。

　　ジェネラルへの投資が「便乗」という形になったことは何回もある。支配的な立場にある株主グループには、収益性のない、もしくは十分に活用されていない資産を生かそうとする計画がある。それは、彼自身がサンボーン・マップやデンプスター・ミルでやっ

たことであるが、それ以外はほかの投資家が行うに任せていたのだ。このような場合、十分な価値がなければならないのは言うまでもないが、だれにつくかにも注意しなければならない。

　ジェネラル銘柄はバフェットが言うコントロールシチュエーションほどの注意は不要である。筆頭株主が支配し、バフェットが支配権を持っていれば取り組んでいたであろうこと、つまり収益性がなかったり、活用されていない資産を売却し、自社株買いを彼らがやってくれるのだ。バフェットは、株式が十分に割安であることを確かめるだけで、あとは大株主たちが仕事をしてくれるというわけだ。そして彼は「個人投資家にとって適正な価値」と思える価格で売り抜けるのである。

　バフェットは、物言わぬ株主たちが行動を起こそうとしている割安銘柄を常に探していた。そのような銘柄は転換点にある。大株主がバフェットが望むことに取り掛かると、株価がすぐに急騰することをバフェットは知っていたのだ。

　バフェットが割安な銘柄を買っているかぎりは、彼は我慢強く待つことができる。しかし、彼も物言わぬ株主が目を覚ますことを永遠に待つことはできない。割安銘柄の株価が長い間動かなければ、バフェットはゆっくりと持ち分を増やしていく。そして、支配権を手にするのである。

　バフェットはほかの投資家に仕事をさせることを好んだが、企業が損を出し続けていれば、支配権を獲得しようとする。支配権を獲得すれば、自らをウィン・ウィンの立場に置けることを彼は知っていたのだ。株価が上昇すれば、彼はお金を稼げる。株価が下落すれば、彼は買い増しをし、立て直しをして、そしてお金を稼ぐのだ。

　支配的な立場を獲得する意欲と資金力があれば、ジェネラル銘柄を取得するときに２つの可能性を手にすることができる。市場が

その意見を好転させれば、株価は上昇する。そうでなければ、市場がわれわれの判断を認めるのを待つのではなく、事業それ自体を支配できるまで、株式を買い続けるのだ。

　バフェットはこのウィン・ウィンの手法を自らのヘッジファンドで利用し、大きな成果を得てきた。彼がファンドを運営していた12年間、年間リターンは31％にもなった。48ページの図と表は彼のヘッジファンドのリターンを示したものである。

　ヘッジファンドの持ち分と手数料を通じて、バフェットは26歳のときに投じた10万ドルを38歳になるまでに250万ドルに増大させた。

　バフェットは1969年にヘッジファンドを解散する。彼は、買うに値する割安銘柄を見いだせなくなっていたのだ。ファンドはあまりに大きくなりすぎていたのだ。ファンドを通じて、彼は1億ドル以上の資金を運用していた。成果を上げるためには、各銘柄に少なくとも300万ドルは投じる必要があったと彼は述べている。つまり、最低でも1億ドル以上の時価総額を持つ銘柄でなければならず、また、それが割安でなければならなかったわけだ。

　1969年、市場は活況を呈していた。十分な規模があり、割安となっている銘柄など存在しなかったのである。十分に割安となっていても、規模が不十分であったり、十分な規模でも割安ではなかったり、という具合だ。彼はファンドを畳むことを投資家たちに告げる。投資家たちは、現金とファンドの最大の投資先の株式を手にする。それは1962年に彼が見つけた割安のジェネラルであった。このジェネラルはやがてコントロールシチュエーションとなり、今日まで彼がその支配権を有している。

バフェット・パートナーシップとダウ平均(1957～1968年)

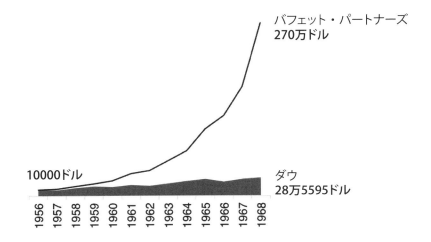

バフェット・パートナーシップとダウ(1957～1968年)

年	バフェット・パートナーシップ	ダウ平均
1957	10.4%	−8.4%
1958	40.9%	38.5%
1959	25.9%	20.0%
1960	22.8%	−6.2%
1961	45.9%	22.4%
1962	13.9%	−7.6%
1963	38.7%	20.6%
1964	27.8%	18.7%
1965	47.2%	14.2%
1966	20.4%	−15.6%
1967	35.9%	19.0%
1968	58.8%	7.7%
平均リターン	31.6%	9.1%

第3章

偉大なるバークシャー・ハザウェイの乗っ取り

The Great Berkshire Hathaway Raid

「当初、ウォーレンと私は市場で企業の支配権を手にすることが何回かあった。もうやっていないがね。ここ何十年もやっていないが、当時はやっていたのだ。ウォーレンは市場でバークシャー・ハザウェイの支配権を手に入れたのだ」──チャーリー・マンガー（2016年のコンセントレイティド・インベスティングでのインタビューより）

ダン・コウィンは当時32歳だった友人のウォーレン・バフェットに電話をかけ、自分が取得した銘柄の情報を伝えた。コウィンもバリュー投資家であった。彼はバフェットに、マサチューセッツ州ニューベッドフォードにあるバークシャー・ハザウェイという名の紡績会社を見つけたことを伝えた。バークシャーは清算価値の3分の1で取引されていたのだ。清算価値とは、その企業が事業を止め、資産を叩き売った場合に手にする金額のことである。

　コウィンは、清算価値を2200万ドル、1株当たり19.46ドルと見積もっていた。バークシャーの株式は7.50ドルで取引されていた。バフェットは自分もバークシャーのことは知っており、相当に割安だと思っていると伝えた。では、どのようにして彼はその価値を形にしたのだろうか。

　コウィンは、バフェットがバークシャーに自社株買いをさせることは容易だと言った。2年に1回ほど、同社の社長であるシーベリー・スタントンは自社株買いに資金を充てていた。バフェットは、スタントンが次に自社株買いを行うまでに株式を取得し、そして同社にその株を売りつければよい。

　スタントンがあまりに時間をかけすぎるのであれば、バフェットがバークシャーを乗っ取り、資産を売却して清算することもできた。コウィンは、バフェットがサンボーン・マップとデンプスター・ミルで行ったことを知っていたのだ。バークシャーでも同じことをやるであろうと思った。バフェットは1962年12月12日に同社の株式を買い始める。彼は最初の7.50ドルで2000株を買い、ブローカーに買い続けるよう指示した。

　1963年までには、バフェットのヘッジファンドがバークシャーの筆頭株主となっていた。しかし、バフェットは自らの正体を秘しておくことを望んだ。彼はコウィンにバークシャーの役員となって、同社を探り始めるよう頼んだのだ。コウィンは会長であるシーベリー・スタ

ントンがほかの取締役たちと敵対していることをすぐに看破する。

　取締役のひとりで、シーベリーの兄弟であったオティス・スタントンは、シーベリーが息子のジャックを同社の次期社長に指名したことに腹を立てていた。オティスは、ジャックはその任にふさわしくなく、彼に経営を任せるわけにはいかないと考えていた。オティスは工場を預かっていた別の従業員ケン・チェイスのほうが好ましいと思っていたのだ。

　シーベリーはまた、同社を30年にもわたって経営してきた会長とも敵対していた。シーベリーは、自らを何年も前にバークシャーを救った英雄であると考えていた。ほかの者たちが怖がって事業を続けることができなかったときに、彼は同社に何百万ドルも投じたのである。彼は、同社には改めて投資を行う必要があると考えていたが、会長は確信が持てずにいた。

　会長のおいは、ハーバード・ビジネス・スクールの論文で同社を取り上げている。論文を手にした会長は、事業の先行きが心配になり、すべての持ち分を売却してしまったのだ。会長はおいの論文を読み、追加投資を行うというシーベリーの計画に反対した。しかし、勝ったのはシーベリーである。彼は同社に何百万ドルも投じたのだ。しかし、うまくいかなかった。マサチューセッツ州の紡績業は低迷し続けたのである。シーベリーにはどうすることもできなかった。気落ちした彼は、酒におぼれるようになる。それを見たコウィンはバフェットに報告した。彼らは攻め時だと決心する。そして、バフェットはさらに株式を買い増したのだ。

　シーベリーはバフェットがさらに株式を買い増したことに恐怖を覚えていた。彼は、バフェットの持ち分が増大したことを受けて、株式を買い戻すことを何度か提案する。これは、バフェットが株式を買い始める前に考えていた出口戦略のひとつである。シーベリーが行った最後の自社株買いによって株価が10ドルまで上昇したとき、バフェッ

トはニューベッドフォードを訪問することにした。彼はシーベリーに会って、次の自社株買い計画について話し合いたいと考えていたのだ。[20]

面会の場で、シーベリーが尋ねる。「おそらく近いうちに『自社株買い』をしようと思うのだが、いくらなら売ってくれるかね、ミスター・バフェット」

バフェットは答える。「11.50ドルなら売りますよ」

シーベリーは、「では、買い付けに応じると約束してくれますね」と言った。

「ほどほどに近い将来ならね、20年後じゃダメですよ」とバフェットは答えた。

「よろしい」とシーベリーは合意した。

その直後、シーベリーはバフェットやほかの株主に書状を送り、11.375ドルで自社株買いをすることを提案した。この金額は、バフェットとシーベリーが合意したものより、12.5セント低いものだった。バフェットは激怒した。彼は、持ち株をシーベリーにもバークシャーにも売ろうとしなかった。そのかわり、彼はバークシャーを乗っ取ろうとした。そして、それを実行するためには11.375ドルよりも高い金額を支払っても構わない、と考えた。

バフェットは即座に行動に移した。まず、オティス・スタントンのもとを訪れ、彼の保有する株式を買う提案をした。オティスはひとつだけ条件を付けて、バフェットに売却することに合意した。つまり、バフェットはシーベリーにも同じ提案をせよ、というのだ。バフェットは喜んで合意した。オティスの株式によって、バフェットの持ち分は49％まで増大し、平均取得価格は1株当たり15ドルとなった。これで取締役会を支配することができる。

その後、バフェットは臨時株主総会を召集し、1965年4月に取締役に選出される。シーベリーと息子のジャックは1カ月後の取締役会で辞任する。取締役会はバフェットを会長に選出し、以来、彼はその地

位にあるわけだ。その日の終値は18ドルであった。

　ニューベッドフォード・スタンダード・タイムズは乗っ取り劇を報じた。ベアトリスの住民と地元の新聞との争いを覚えていたバフェットは、同社を清算しないつもりだと述べた。事業を継続する計画だと新聞に確約したのだ。

　バフェットは、バークシャーの紡績事業をゆっくりと清算していった。彼が支配権を獲得したとき、紡績はバークシャー唯一の事業であった。シーベリーが行おうとしていたように、紡績から上がるバークシャーの利益を再投資するのではなく、バフェットはそれを新たな事業へと振り向けていった。紡績事業はやせ細るに任せ、1985年、ついに撤退した。

　バークシャーの株主に宛てたその年の手紙のなかで、バフェットは次のように記している。「慢性的に浸水するボートに乗っているとしたら、浸水を抑えることにエネルギーを投じるよりも、船を乗り換えることにしたほうが生産的であろう」[21]

　　清算を意図する投資家でもなければ、このような方法で事業を取得するのはバカげている。第一に、当初の「掘り出し物」価格が最終的に儲けものとはならないこともある。困難な事業では、1つの問題が解決すると、すぐに次の問題が頭をもたげてくる。台所にいるゴキブリが1匹だけである、などということはないのだ。第二に、当初手にした優位性は、その後の事業がもたらす低いリターンによってあっという間に蝕まれてしまうであろう。たとえば、800万ドルで取得した事業が1000万ドルで売れたり、清算できるとすると、すぐに実行すれば、大きなリターンを実現することができる。しかし、1000万ドルで売れるのが10年後で、その間は年にほんの数％しか利益をもたらさないとしたら、投資としては期待外れとなる。優良な事業にとって時間は友であるが、ありき

たりの事業にとっては敵なのである。

アメリカン・エキスプレス

　バフェットがチャーリー・マンガーと出会ったのは1959年である。マンガーは長年にわたりバフェットの投資スタイルに大きな影響を与えてきた。マンガーに会うまでは、バフェットはバリュエーションを数字でしか考えていなかった。彼は、バットで頭を叩かれるような極端な数字を求めていたと述べている。マンガーは、バフェットはあまりに視野が狭いと考えていた。

　「手に入れるためには少しばかり買い上がる価値のある、長期的な優位性を持った」事業もある、とマンガーは述べている[22]。投資を分析するときに、マンガーはソフト面を重視していた。彼はバフェットに数字以上のものを考えさせようとしたのである。

　バフェットが好む銘柄はたいていひどい事業を行っていることが問題だとマンガーは見ていた。マンガーはそのような事業を好まなかった。マンガーに言わせれば、「価格以上のクオリティを手に入れることが秘訣である[23]」。

　バフェットがマンガーの方針に従った最初の一歩は、アメックスとして知られるアメリカン・エキスプレスへの投資である。1963年、アメックスは顧客であるティノ・デ・アンジェリスによる「サラダ油」詐欺に引っかかってしまった。デ・アンジェリスは大豆油の売買をしており、それをニュージャージー州の倉庫のタンクに貯蔵していたのだ。

　アメックスと言えば、トラベラーズチェックとクレジットカードが有名だが、同社は小さいながらも倉荷証券（顧客が大豆油などのコモディティを倉庫に貯蔵していることを証明する書類）の事業も手掛けていたのだ。倉荷証券があれば、大豆油のようなコモディティを、現

物を移動させることなく、売買することが可能となる。

　アメックスは、デ・アンジェリスのタンクに貯蔵されているはずの大豆油の額に相当する倉荷証券をデ・アンジェリスに発行し、デ・アンジェリスはそれを利用して大豆油の証拠金を調達し、取引を行っていたのだ。

　アメックスの調査員は、デ・アンジェリスがタンクを大豆油でいっぱいにしていたのではないことに気づかなかった。彼はタンクの一部を海水で満たすことで、実際よりも多くの大豆油を保有しているかのように思わせたのである。デ・アンジェリスは調査員をだますのが得意で、世界中に存在するよりも多くの大豆油を保有していると思わせていたのだ。

　大豆油の価格急落に足を取られたデ・アンジェリスはブローカーへの支払いができなくなってしまった。あまりに大きな下落だったので、デ・アンジェリスもブローカーも破産してしまった。デ・アンジェリスの倉荷証券を担保に資金を貸し付けていた連中は、アメックスに返済を要求した。彼らは、アメックスはタンクには海水ではなく、大豆油が入っていることを確認すべきだったと非難したのだ。まっとうな主張である。彼らは1億7500万ドルを要求したが、それは1964年のアメックスの利益の10倍以上になる額だ。アメックスもまた破産するかと思われた。株価は半値まで暴落した。

　株価が下落すると、バフェットは興味を抱いた。アメックスの価値を評価するのは難しい。同社の貸付業務は詐欺に足を取られて破産しかけていた。バフェットは詐欺も、1億7500万ドルの支払いも心配していなかった。彼が心配したのは、アメックスの顧客が同社の信用をどう考えるかであった。彼らが不安を覚えれば、トラベラーズチェックやアメックスカードの取り扱いをやめるかもしれない。レストランや小さなホテルなどは、アメックスが破産したら倒産しかねなかった。彼らがカードを受け入れなくなれば、アメックスは終わってしまう。バ

フェットは、デ・アンジェリスの詐欺がアメックスカードを持つ者たちに見られるアメックスというブランド信仰を傷つけるのではないかとも懸念していた。そうなれば、人々はアメックスカードなど利用しなくなる。

バフェットは、ブローカーのヘンリー・ブランツに、レストランや小規模事業がいまだにアメックスを受け入れているかどうか調べるよう依頼した。バフェットにしてみれば、珍しい要求だ。いつもは数字にしか興味を示さなかったのに。ブランツは銀行やレストラン、ホテルにはり込んだ。

ブランツは30センチ以上にもなるファイルをバフェットに届けた。バフェットは大喜びでそれらに目を通した。彼自身も、オマハのいくつかのレストランに足を運んだ。彼は、カードがいまだ受け入れられていることを目にする。詐欺がアメックスのブランドに傷をつけることはなかったのだ。アメックスは生き残る、バフェットはそう確信した。

バフェットは、自身のヘッジファンドのおよそ40％に当たる1300万ドルを投じて、アメックス株の５％を取得する。これは、ファンドが１つの会社にこれまで投じた最大のものである。3200万ドルしかないバフェット・パートナーシップは小さすぎて、アメックスを支配することはできなかった。同社はいまだジェネラルにすぎなかったわけだ。株価が下落しても、バフェットは買い続けることができなかった。そして、２年が経過した。

1965年、アメックスは、デ・アンジェリスの債権者に、当初予想されていた額よりも１億1500万ドル低い、6000万ドルを支払った。アメックスに賭けたバフェットのギャンブルは成功したのだ。35ドルを下回っていた株価は、49ドルまで跳ね上がる。バフェットは、最大の投資から２年で40％のリターンを得ることになった。

その後の出来事がバフェットの心変わりの主因となる。その後５年にわたり、アメックスは185ドルまで値を上げる。同社の事業は成長を

続け、バフェットのヘッジファンドが保有する持ち分もそれに応じて成長していった。バフェットは、ヘッジファンドを畳んだ1969年に同社の株式を売り抜ける。アメックス株は５年間で、５倍以上となったのだ。

　アメックスへの投資で、バフェットはマンガーがいいところに気づいていたことを知ることになる。サラダ油の危機を乗り越えれば、少なくとも１株当たり50ドルの価値はあるとバフェットは考えていた。しかし、アメックスの価値はその資産ではなく、その事業にあったのだ。そして、事業は成長を続けた。成長する事業とバーゲン価格とが組み合わされば、毎年大きなリターンがもたらされることになる。

　マンガーは正しかったのだ。適正な価格で優良な事業を取得するほうが、優れた投資になるのである。それ以降、バフェットがコントロールシチュエーション銘柄を敵対的に買収することはなかった。それはリターンは大きなものになるかもしれないが、彼の資金にとっては投資対象が小さすぎる。それに企業も成長しない。

　バフェットは次のように述べている。「チャーリーのおかげで、ベンジャミン・グレアムが教えてくれた掘り出し物を買うだけ、という段階から脱却できた。これこそが、彼が私にもたらした大きな影響である。グレアムの限界を乗り越える強力な力となったのである。チャーリーの知性の力のおかげである」[24]

第4章

バフェットの適正な価格の優良企業

Buffett's Wonderful Companies at Fair Prices

「格安な価格の適正企業を買うよりも、適正な価格の優良企業を買うほうがかなり良い」——ウォーレン・バフェット（1989年の「会長からの手紙」）

シーズ・キャンディが売りに出ていることを耳にしたバフェットは「チャーリーに電話しろ[25]」と言った。マンガーはカリフォルニアに住んでいたのだ。彼はシーズのことなら何でも知っていた。彼はバフェットに言った。「シーズはカリフォルニアでは無敵の名前だよ。……このブランドと競おうと思ったら有り金全部はたかないとね[26]」。バフェットが数字を確認する。彼は、「相当な金額を支払ってでもシーズを買うつもりだ[27]」という結論に至った。

　提示された価格はとてつもなく高いものであった。創業者の息子であるハリー・シーは、実物資産が800万ドルしかない事業に対して、3000万ドルを要求したのだ。この実物資産を上回る2200万ドルは、シーズの知的財産、つまり、ブランド、商標、のれん代というわけである。そして、1971年には税引き後で200万ドルの利益を上げた事業がついてくるわけだ。

　バフェットは少しためらいを覚えた。3000万ドルは大金である。だが、シーズにはそれだけの価値があるとマンガーが主張したこともあり、バフェットは2500万ドルという対案を提示する。この価格でも、バフェットとマンガーはシーズの利益の12.5倍、同社の資産の4倍を支払うことになるのだ。これは、実物資産の価値に比してほんのわずかな価格で株式を買いたがる投資家にとってはかなりの飛躍である。

　ハリー・シーは価格を引き下げたくはなかったが、バフェットは自分もマンガーも「掛け値なしの金額を提示している[28]」と説明した。これ以上の価格であれば、撤退すると。シーは降参した。1972年1月31日、バフェットとマンガーはシーズ・キャンディを2500万ドルで手に入れた。

　なぜバフェットはこれほどの金額を喜んで支払ったのだろうか。彼は、シーズのカスタマーフランチャイズに価値を認めていたのだ。シーズのチョコレートは極めて品質が高い。チョコレート好きは2倍も3倍も値段の高いキャンディよりも、こちらのほうを好む。また、シ

ーズの店舗の顧客サービスは、「その製品同様に素晴らしい[29]」ものである。それは「商品の箱に描かれたロゴと同様に、シーズのトレードマーク[30]」となっている。

　これらのクオリティが組み合わさって、シーズのカスタマーフランチャイズを生み出しているのだ。シーズは、砂糖、ココアビーンズ、ミルクという安価な原材料を用いて、それらをプレミアムチョコレートへと変身させている。原材料費とブランド物のチョコレートという商品の間には、大きな利幅が生まれるのだ。

　過去にバフェットは、安全域を確保するために、より安い価格、おそらくは実物資産よりも割安な価格を求めてきた。しかし、わずかな実物資産から多額の利益を上げるシーズの能力は、同社の持つ実物資産よりもはるかに大きな価値があったのだ。シーズの高い収益性が、同社が急速に成長すると同時に、キャッシュフローを生み出すことを可能にしたのだ。では、シーズの価値とはいかなるものであろうか。

　1971年のシーズの利益は税引き前で500万ドルにも満たない。しかし、実物資産800万ドルから60％（500万ドル÷800万ドル＝60％）という大きな利益を上げていることになる。ここで割引率を10〜12％と仮定しよう（1972年、銀行預金には６％の利息が付いた。シーズは銀行口座よりもリスクが高いので、４〜６％ほどを上乗せする）。この場合、シーズは実物資産の５〜６倍の価値となる（60％÷10〜12％＝５〜６倍）。実物資産が800万ドルであるので、シーズの価値は4000万ドルから4800万ドル（５〜６×800万ドル）ということになる。

　2500万ドルという価格は、シーズの価値の半分から３分の２にすぎないわけだ。この点では、シーズは掘り出し物である。だが、シーズには秘密があった。仮にバフェットが全額を支払ったとしても、シーズは信じられないような投資となっていたのである。その理由はこうだ。

　2007年、バフェットが取得した25年後、シーズは4000万ドルの実物

資産に対して8200万ドルの利益を上げた。驚くことに、195％のROA（総資産利益率）である。つまり、実物資産に多額の追加投資をせずに、利益が500万ドルから8200万ドルへと大幅に成長したわけだ。

シーズは1972年から2007年までに獲得した利益のほとんどをバフェットに払い出している。その額は14億ドルに上る。シーズは実物資産にたった3200万ドル（4000万ドル－800万ドル＝3200万ドル）しか投じていない。バフェットはシーズの14億ドルという利益のほとんどを、バークシャーのほかの利益率の高い事業に充当してきたのである。

これこそが、バフェットがシーズを「夢の事業」と呼ぶゆえんである。彼はシーズと一般の事業とを比較した。一般の事業で、シーズと同じ8200万ドルの利益を上げようと思えば、およそ4億ドルの実物資産が必要となる。つまり、バフェットは一般の事業が上げる利益は資産の20％程度（8200万ドル÷4億ドル＝20％）だと言っているわけだ。これでも十分高いものではある。だが、シーズにはまるで及ばない。

1989年、バフェットはシーズから得た教訓を次のようにまとめている。「『格安な価格の適正企業』を買うよりも、適正な価格の優良企業を買うほうがかなり良い」。そして、こう続けた。「チャーリーはとっくの昔にそれを理解していたのさ。僕は学ぶのが遅いね[31]」

バフェットのバークシャーでの戦略

「われわれの仕事は、留保利益の1ドルを、やがては市場で1ドル以上にする経済的特徴を持った事業を選びだすことだ」──ウォーレン・バフェット（1982年の「会長からの手紙」）

シーズの一件で、バフェットはグレアムのバリュー投資という考えを超越した。バフェットはいまでも価値から大幅に割安になっている銘柄を買おうとしているが、その価値に対する取り組み方が異なるの

ROC（資本利益率）――収益力が高いほうが価値は大きい

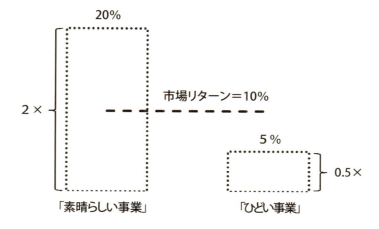

である。グレアムは実物資産の価値に着目し、それを割安な価格で買おうとした。グレアムも実物資産に着目しているが、それは企業がそれらの資産を用いて利益を上げることができる場合にのみ価値があると考えているのだ。つまり、資産から上がる利益が大きければ大きいほど、その企業の価値は高まるのである。

たとえば、100万ドルの利益を上げる２つの事業があるとしよう。１つは500万ドルの資産を有している。これは素晴らしい事業である。もう１つの資産は2000万ドルである。こっちのほうはひどい事業である。われわれは素晴らしい事業に投資することも、ひどい事業に投資することも、長期債に投資して、資金を寝かせておくこともできるのだ。

素晴らしい事業では、500万ドルの資本で20％（100万ドル÷500万ドル＝20％）の利益を上げる。ひどい事業では、2000万ドルで５％（100万ドル÷2000万ドル＝５％）の利益を上げる。長期債の利回りは10％である。どの事業が本当に価値があるものだろうか。

バリュエーション——低いROCは割り引きを意味する

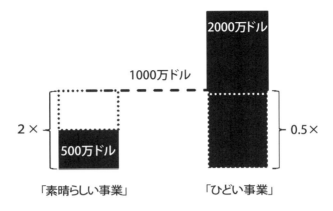

　たとえば、素晴らしい事業には資産の2倍、つまり2×500万ドル＝1000万ドルの価値があるとする。それゆえ、長期債から同様のリターンを得ようとすれば、2倍の額を投資する必要がある。

　投下資本から5％の利益を上げるひどい事業の価値は、その資本の半分（5％÷10％＝0.5倍）になる。長期債から同額のリターン、つまり100万ドルを得るためには半分の投資額で済むので、0.5×2000万ドル＝1000万ドルという計算になる。

　どちらの事業も1000万ドルの価値がある（しかも、どちらもPER［株価収益率］は同じ10倍である）。グレアムは有形資産の価値の半分の価格となっているひどい事業を好んだかもしれない。しかし、バフェットは資産価値の2倍の価格となっている素晴らしい事業を好むのだ。なぜだろうか。

　「成長」である。素晴らしい事業に再投資された1ドルの利益は、200セントの事業価値となる（20％÷10％＝2倍）。たとえば、素晴らしい

高いROC──成長が価値を生み出す

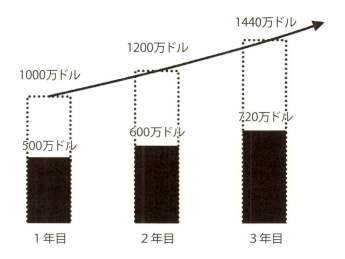

事業が100万ドルの利益のすべてを再投資し、20％の収益力を維持するとしよう。翌年、この事業では600万ドルの資本で120万ドルの利益を上げることになる。同様のマルチプルを適用すれば、その価値は1200万ドルとなる。前年の価値は1000万ドルであった。事業に再投資された100万ドルが、200万ドルの事業価値となった。翌年には、それが1440万ドルほどになるわけだ。

これを、ひどい事業を保有する者が手にするリターンと比較してみればよい。再投資された１ドルは、50セント（５％÷10％＝0.5倍）の価値となる。ひどい事業は投じられた資金の半分を食いつぶしてしまう。では、どのように。

ひどい事業が100万ドルの利益のすべてを再投資し、その収益力に変化がないものとしよう。翌年、2100万ドルの資本から105万ドルの利益を上げることになる。同じように算定すれば、その事業の価値は1050万ドルとなり、前年から50万ドル増えただけである。ひどい事業に再

低いROC――成長が価値を破壊する

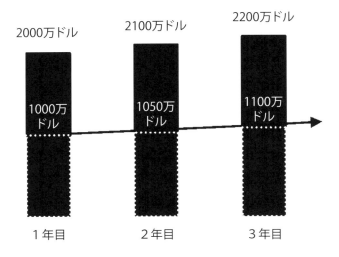

　投資された100万ドルは、価値を50万ドル増大させるにすぎないのである。言い換えれば、１ドルの利益が50セントの価値になってしまう、ということだ。その成長が価値を破壊しているわけである。
　これこそが、バフェットの価値理論のもっとも驚くべき結果である。すべての成長が良いわけではないのである。市場が要求する以上の利益率を達成できる事業だけが成長すべきなのだ。その利益率に満たない事業は、何ドルもの利益を数セントの事業価値へと変えてしまうのだ。
　素晴らしい事業の所有者は、成長が利益につながるのであるから、再投資を行い、成長することを企業に求める。ひどい事業の所有者は、成長が価値を破壊するのであるから、利益のすべてを分配することを望むのだ。
　しかし残念ながら、素晴らしい事業も多額の追加資金を吸収すると、利益が減少せざるを得なくなる。そして、ひどい事業はインフレに追

ビジネスサイクル──高いリターンは平均へと落ち込む

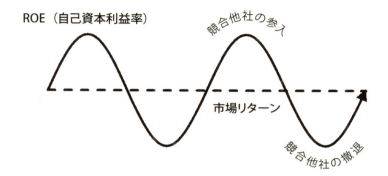

いつくためだけにすべての利益を再投資する必要がある。

　企業が投下資本以上の価値を持つためには、市場が求めるよりも大きな利益を維持しなければならない。先に挙げた例では、市場は10％のリターンを求めていた。ほとんどの企業にとって、高い利益は競合他社を引きつけることになるので、持続不可能である。短期間であれば、より多くの利益を上げることができるかもしれないが、ビジネスサイクル全体を通じて平均すると、市場リターン、つまり10％の利益しか上げられない企業がほとんどである。第1章の「競争」のビジネスサイクルの図を思い出してほしい。

　バフェットは、堀が事業にとって非常に重要である理由を次のように述べている。[32]

　　真に優れた事業には、投下資本に対する素晴らしいリターンを守ることのできる、永続的な「堀」が必要である。高いリターンを

上げている企業の「城」に攻撃を仕掛けてくる競合他社が繰り返し登場することは、資本主義のダイナミズムが保証するところである。それゆえ、低コストで製造できる企業（GEICO、コストコ）や世界的に通用するブランド力のある企業（コカ・コーラ、ジレット、アメリカン・エキスプレス）などが持つ、侵しがたい城壁が成功を維持するためには不可欠なのである。産業界の歴史は「ローマ花火」、つまり堀が幻想にすぎず、すぐに乗り越えられてしまう企業で満ちているのだ。

バークシャーの株主への手紙のなかで、バフェットは堀について多くのことを記してきた。バフェットは、平均回帰にあらがえる堀を持つ特別な事業を求めている。彼はそれを「エコノミックフランチャイズ」と呼んでいる。

バフェットは、このエコノミックフランチャイズと普通の事業とを次のように区別している[33]。

> エコノミックフランチャイズは、次のような製品やサービスに起因している。①必要とされている、または求められている、②そのものに近い代替物がないと顧客が考えている、③価格統制の対象とならない。以上３つの条件がすべてそろえば、企業はその製品やサービスに強気な価格を設定することができ、それによって高いROC（資本利益率）を獲得することができる。さらに、フランチャイズは経営の失敗をも許容することができる。無能な経営者がフランチャイズの収益力を毀損することがあるかもしれないが、致命的なダメージを与えることはできない。
> 対照的に、「事業」は、低コストでの生産が可能か、その製品やサービスの供給が逼迫している場合にのみ大きな利益を獲得する。供給の逼迫はたいてい長続きしない。優秀な経営者がいれば、長

フランチャイズ——平均回帰にあらがう高いリターン

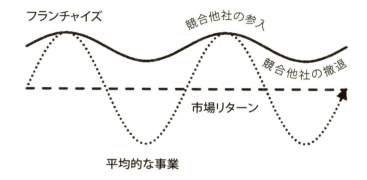

期間にわたって低コストでの生産を維持することができるかもしれないが、競合他社による攻撃をひっきりなしに受ける可能性がある。そして、事業はフランチャイズとは異なり、経営の失敗によってつぶされかねないのだ。

エコノミックフランチャイズは、大きな利益を上げる特別な事業である。重要なことは、競合他社による努力にもかかわらず、ビジネスサイクルを通じて利益を上げ続けるということである。競争は、平均的な事業、つまり堀のない事業の利益を平均に回帰させる。フランチャイズは平均回帰にあらがうのだ。

ほとんどの企業は市場リターンと大して変わらない。それらは好況時には優れた企業のように見えるが、不況期にはひどい企業のように見える。

優秀な経営者は、投下資本に対する事業のリターンを最大化する。し

かし、経営陣ができることには限界があることをバフェットは認識している[34]。

> 良いジョッキーは良い馬を見事に操ることができるが、故障を抱えた競走馬ではそうはいかない……何回も述べてきたことだが、優秀との評価を得ている経営者が、儲からないとされている事業に取り組んでも、事業の評判のほうが勝ってしまうのだ。

バフェットの言う、まっとうな高いROCを達成する優良企業とは、経済性に優れ、競争に耐え得るものである。優れた経営者は、事業に必要のない資本を還元することで高いリターンを維持する。彼らは常に堀を強化しようと働いているのだ。

シーズ・キャンディが好例だが、標準的な優良企業は追加資本を必要とせず、利益のほとんどを還元しながらも、大きな成長を遂げるものである。

事業が大きな利益を上げているかぎり、優良企業は投資家を長期間とどまらせておくべく資本を還元するのだ。バフェットが気の利いたことを言っているが、「傑出した経営陣がいる傑出した事業の一部を保有する場合、われわれが望む保有期間は永遠である[35]」。こうすることで、投資家はキャピタルゲイン税を支払うことなく、複利での運用が可能となる。これこそが、優良企業が優れた投資対象であることの主たる理由の1つである。

この飛躍によってバフェットはグレアムを凌駕した。グレアムは、大きな利益は優れた経済性ゆえなのか、ビジネスサイクルの頂点にあるがゆえなのかを判断するのは難しいと警告していた。グレアムは次のように述べている。「企業の利益にはたいてい矯正力が働き、消滅していた利益が回復し、資本に比して過大となっていた利益が減少する傾向がある[36]」

バフェットはグレアムの警告を心にとめていたが、並外れた経済性ゆえに高いリターンを獲得できる事業もあると考えていた。

　1989年、バフェットはマンガーと出会ってからの30年で学んだ投資の教訓を、次の一文にまとめている[37]。

　「格安な価格の適正企業」を買うよりも、「適正な価格の優良企業」を買うほうがかなり良い。

　1年後、60歳になった彼は億万長者となっていた。次の第5章では、バフェットが言うところの適正な価格の優良企業を見いだす簡単な方法を検証する。

第 5 章

魔法の公式

How to Beat the Little Book That Beats the Market

「市場は、神と同様に、自らを助くる者を助く。しかし、神とは違い、市場は自らしていることを知らない者を許してはくれない。投資家にとっては、優良企業の株式を高すぎる価格で買うと、その後、事業が好ましい発展を遂げてもその効果が台無しになる」──ウォーレン・バフェット（1982年の「会長からの手紙」）

2006年、ジョエル・グリーンブラットは『株デビューする前に知っておくべき「魔法の公式」』（パンローリング）を著し、バフェットが言う「適正な価格の優良企業」を見いだす簡単な方法があると断言した。グリーンブラットは有名なバリュー投資家である。20年にわたり自身のゴッサム・キャピタルのファンドで大きなリターンを上げてきた彼は、長年にわたってバリュー投資を研究し、書物にまとめてきた。彼は現在、コロンビア大学の教授でもある。彼は『株デビューする前に知っておくべき「魔法の公式」』で、バフェットが言う「適正な価格の優良企業」について行った検証を説明している。

グリーンブラットはバフェットがしたためたバークシャーの手紙を読破し、バフェットの方法論を２つの要素に分解した。

１．優良企業
２．適正な価格

優良企業

「私は、５％を生み出す１億ドルの企業よりも、１５％を生み出す１０００万ドルの企業を保有したい。投資先はいくらでもあるのだ」
──ウォーレン・バフェットからケン・チェイス・バークシャー社長へ[38]

バフェットは、「優良企業とはROE（自己資本利益率）の高い企業である」と述べている。どういう意味であろうか。ROEとは、株価、つまり投じられた１ドルに対してどれだけのお金を生み出しているかを測るものである。投じられた１ドルに対する利益が大きければ大きいほど、より優良な企業であるということだ。

ここで例を挙げよう。ソフトドリンクを販売している２つの企業が

あるとする。レッドソーダ・カンパニーとブルーソーダ・カンパニーだ。どちらも自動販売機でソーダを販売している。名前とボトルの色以外、これらの企業にまったく違いはないとする。

優良企業＝営業利益÷株価

両社は同じ数の自動販売機を所有し、ソーダをボトル詰めするボトリング工場も同じ数だけ有している。両社とも工場から自動販売機までソーダを運搬するための配送用トラックも所有している。工場建設、トラック、そして自動販売機に充てた資金も1000万ドルと同じである。どちらも、株式を公開することで1000万ドルを調達し、資産の購入にその1000万ドルを充当した。

ソーダ好きには、レッドソーダのほうがブルーソーダよりも人気がある。レッドソーダはブルーソーダよりも高い価格で、より多くのソーダを販売している。年度末、レッドソーダは200万ドルの営業利益（営業利益によって、税金や金利が差し引かれる前の時点で企業の所有者の手にわたる収入額を予測することができる。この点については次の第6章で詳細に論じる）を獲得した。

ブルーソーダの営業利益はちょうど100万ドルだ。レッドソーダのROEは20％（200万ドル÷1000万ドル＝20％）となり、ブルーソーダはその半分の10％（100万ドル÷1000万ドル＝10％）となる。レッドソーダは、2倍のROEを達成しているので、ブルーソーダよりも優良企業である。簡単なことだ。

適正な価格

バフェットのルールに見られる2つ目の要素が「適正な価格」である。この点についてグリーンブラットは、自ら「利益率[39]」と呼ぶもの

を利用している。われわれはそれを**「買収者のマルチプル」**と呼ぶ。混乱を避けるために、ここでは買収者のマルチプルと呼ぶことにしよう。次の第6章において詳述するが、これは企業の利益と時価総額とを比較するPER（株価収益率）のようなものである。PERは企業がどれだけ安いかを判断する経験則とも言える。PERが低ければ低いほど、企業は安いわけだ。

買収者のマルチプルも同様の働きをするが、PERよりも多くのデータを取り込んでいる。買収者のマルチプルが低い銘柄は、長期的にはPERが低い銘柄よりも良い結果を残す傾向にある。買収者のマルチプルがPERよりも有効なのは、銘柄の本来の価格と利益とを、より正確にはじき出すことができるからだ。

買収者のマルチプルの詳細については次の第6章で検証を行う。今のところは、「買収者のマルチプルとは、企業が生み出す1ドルに対してどれだけの価格を支払わなければならないかを示すもの」と承知しておいてほしい。営業利益に対して支払う額が小さければ小さいほど、優良な価格となる。レッドソーダとブルーソーダの話に戻ろう。

昨年、レッドソーダは200万ドル、ブルーソーダは100万ドルの営業利益を上げたことはすでに記したとおりである。それぞれの企業に同じ金額、たとえば1000万ドルを支払うとしたら、レッドソーダの買収者のマルチプルは5（1000万ドル÷200万ドル）、ブルーソーダのそれは10（1000万ドル÷100万ドル）となる。

レッドソーダの買収者のマルチプルは5と、ブルーソーダの10よりも小さいので、レッドソーダはブルーソーダよりも安いということになる。これは、たとえ1000万ドルという同じ金額を支払っているとしても「真」である。買収者のマルチプルが小さいということは、レッドソーダ株に投じられた1ドルに対して、より多くの営業利益を獲得するということを意味する。

魔法の公式

　では、ROEと買収者のマルチプルをまとめてみよう。グリーンブラットは、投じられた1ドルに対して多くの利益を生み出す銘柄を探している。同時に彼は、企業が生み出す1ドルに対して支払う金額をできるかぎり少なくしたいと考えている。彼は、適正な価格の優良企業を求めているのだ。

魔法の公式＝優良企業＋適正な価格

　レッドソーダに投資するか、ブルーソーダにするか選択できるとすれば、レッドソーダを選択する。なぜだろうか。レッドソーダのほうがROEが20％と高く（ブルーソーダは10％）、買収者のマルチプルが5と低い（ブルーソーダは10）からである。レッドソーダは、ブルーソーダよりも、「より適正な価格のより優良な企業」なのだ。

　2005年、グリーンブラットはウォートン・スクールを卒業した若いコンピューター・プログラマーに、自身のロボット・バフェットを検証するよう依頼した。このウォートンの修了生は、1988年以降のアメリカの金融データで構成されたデータベースにある、最大規模の3500銘柄をコンピューターで検証した。

　毎年、このプログラムは買収者のマルチプルに基づいてデータベースにある3500銘柄をランク付けする。また同時に、ROEに基づいて3500銘柄をランク付けする。そして、各銘柄のそれぞれのランキングを足し合わせ、新たなランキングを付けるのだ。

　レッドソーダとブルーソーダの例に戻れば、買収者のマルチプルが低かったレッドソーダはこの点に関して1位にランキングされる。ブルーソーダは買収者のマルチプルが高かったので2位である。また、ブルーソーダはROEも低かったので2位。ROEが高かったレッドソー

ダはこの点でも１位である。

　ブルーソーダの買収者のマルチプルの２位とROEの２位を足せば、総合ランクは４（２＋２）となる。レッドソーダはともに１位であるので、総合ランクは２（１＋１）である。レッドソーダの総合ランク２はブルーソーダの４よりも小さいので、レッドソーダのほうが優れた銘柄となる。これは先の結論と一致するので、良いシステムだと言える。

　グリーンブラットのコンピュータープログラムは、3500銘柄すべてで同じことをやったわけだ。そこでは、総合ランキング（買収者のマルチプルがもっとも小さく、ROEがもっとも高い）の上位35銘柄でポートフォリオを構成した。そして、その後12カ月をかけてポートフォリオのリターンを追跡する。これを、データベース上の17年間で毎年１回行うのだ。

　検証が終わり、その結果を見たグリーンブラットは「大満足」[40]だった。彼はこの合成された、「適正な価格の優良企業」戦略を「魔法の公式」と呼んだのである。

魔法の公式を検証する

　われわれは、本書の執筆にあたりグリーンブラットの研究をアップデートした。われわれは、1973年から始め、2017年までの44年間の検証を行った。魔法の公式が選びだした30銘柄からなるグリーンブラットのポートフォリオは年16.2％のリターンとなった。これを読みかえれば、16.2％で44年間投資すると、１万ドルが760万ドル（コストや税金の控除前）になる計算だ。同じ期間でのS&P500のリターンはたった年7.1％である。同じ１万ドルが市場では20万5481ドルにしかならない。疑問の余地はなかろう。グリーンブラットのロボット・バフェットは大成功なのである。

1973年に魔法の公式とS&P500に1万ドルを投資したときの比較（1973〜2017年）

時価総額が10億ドルを超える30銘柄

　グリーンブラットの3500銘柄からなるデータベースのうち、もっとも小さな企業の時価総額は2005年時点で5000万ドルであった。では、より大きな企業についてはどうだろうか。2005年、グリーンブラットは分析対象を時価総額上位2500銘柄に絞った。このなかでもっとも小さな企業の時価総額はその時点で2億ドルであった。

　年平均リターンは17.2％まで増大した。これは市場リターンの2倍以上である。時価総額上位1000銘柄に絞ったユニバースでは、もっとも小さな企業の時価総額がその時点で10億ドルとなった。魔法の公式は年平均16.2％となった。いずれも大成功である。

　これらの検証では、グリーンブラットの魔法の公式が、市場に大差をつけて打ち勝ったことを示している。

　もっとも収益性の高い事業が平均回帰によってその収益性を失ってしまうのであれば、なぜ魔法の公式が選んだ銘柄は市場に打ち勝つの

だろうか。バフェットが言う優良な事業やいくつかの適正な事業をサイクルの頂点で買っているのだろうか。収益性が高いという要件を除外し、買収者のマルチプルに従って割安銘柄だけを買ったらどうなるだろうか。格安な価格の適正な企業を買ったらどうなるだろうか。

第6章

買収者のマルチプル

The Acquirer's Multiple

「古くからの言い伝えだが、賢人は人類の歴史を簡潔な一文にまとめている。『良いときも悪いときもやがては過ぎ去る』」——ベンジャミン・グレアム(『証券分析』[パンローリング])

買収者のマルチプルは事業会社に強みを発揮するPER（株価収益率）とも言える。1980年代に見られた企業の乗っ取り屋やバイアウトへの先祖返りである。ほこりをかぶった古い金融専門誌では、乗っ取り屋やバイアウトファーム、つまり買収者が買収に値するだけ安くなっている企業を見いだすために用いたことから、買収者のマルチプルと紹介されていたものでもある。ほとんどの投資家が利益にばかり目を奪われるなか、乗っ取り屋は企業が保有する財産に目をつける。彼らは、企業の貸借対照表上で丸見えになっている隠れた宝物を見つけるために、それを用いたのだ。

　買収者のマルチプルは、事業の総コストと企業に流入する営業利益とを比較するものである。そこでは、買収者は資産を売却し、企業が保有する現金を払い出し、または事業が生み出すキャッシュフローを再配分することができることを前提にしている。

　これは、隠れた現金やキャッシュフローを洗い出すことになるので、有力なツールなのだ。また、隠れたワナや企業が抱える膨大な負債をも洗い出すことにもなる。

　買収者のマルチプルは、エンタープライズバリューを営業利益で割ることで算出される。

買収者のマルチプル＝エンタープライズバリュー÷営業利益

　エンタープライズバリューを支払う価格、そして営業利益を手にする価値であると考えてみてほしい。買収者のマルチプルが小さければ小さいほど、支払った価格に対して手にする価値が大きくなるわけで、それだけ優れた銘柄だ、ということになる。では、それぞれの要素である「エンタープライズバリュー」と「営業利益」を見ていこう。

時価総額と株式──ピザと１切れ

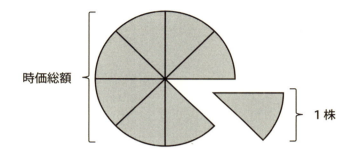

エンタープライズバリュー──株式をただで手に入れる方法

　エンタープライズバリューは企業のレントゲンである。それは、企業の買収者が支払わなければならない総額である。では、エンタープライズバリューと時価総額の違いは何であろうか。

　時価総額とは、企業の全株式を取得したときに、いくら支払わなければならないかを示すものである。これは、企業の発行済み株式総数に株価を掛けることで算出される。

　株価と時価総額との関係はピザの図を用いれば分かりやすい。時価総額とはピザ全体であり、その一切れが１株である。ピザがどれだけ切り分けられているかが分からなければ、その価格が分かってもピザ全体の価格を知ることはできない。

　ピザは、４等分、８等分、16等分、またはそれ以上に切り分けるこ

時価総額と株価——アップダウン

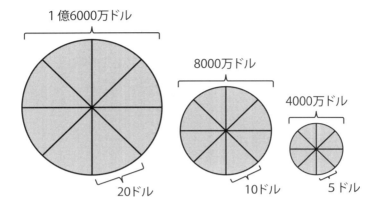

とができる。全体の価格、つまり時価総額を知るためには、一切れ、つまり1株の価格と、何切れに分けられているか、つまり発行済み株式総数とを知る必要がある。

　たとえば、株価が10ドルで、発行済み株式総数が800万株であれば、時価総額は8000万ドル（10ドル×800万株）となる。時価総額は、株価に応じて増減する。株価が20ドルになれば、時価総額も1億6000万ドル（20ドル×800万株）まで増大する。株価が5ドルまで下落すれば、時価総額は4000万ドル（5ドル×800万株）まで減少する。

　時価総額は、発行済み株式総数の増減に応じても変動する。企業がより多くの株式を発行すれば、時価総額は増大する。企業が自社株買いをすれば、時価総額は減少する。たとえ、企業全体ではなく、ほんの数株を取得しようとしているとしても、企業全体について考えるべきである。そうすることで、株式の発行や自社株買いについて知ることにもなる。

時価総額、株式、価格――どれだけ切り分けられているか

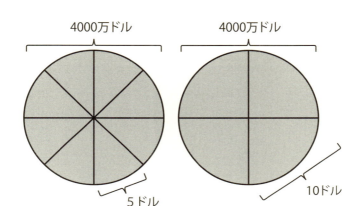

　経験の浅い投資家には、株価を見れば企業がどれだけ割高かが分かると勘違いしている者もいる。彼らは10ドルの株式は5ドルのそれよりも2倍大きい、または高いと考えがちだ。しかし、これは正しくない。どれだけの株式が発行されているかを知らないかぎり、どの企業がより大きく、またより割高かを知ることはできないのだ。

　株価が10ドルで、発行済み株式総数が400万株の企業を想定してみよう。もうひとつの企業は株価が5ドル、発行済み株式総数が800万株としておこう。どちらの企業も時価総額は4000万ドル（10ドル×400万株と5ドル×800万株＝4000万ドル）である（これではまだどちらが割高か分からない。われわれが手にするものに対して、どれだけ支払っているかを比較しなければならないのだ）。

　企業の株式の総額を知るためには、株価と発行済み株式総数との両方を知らなければならない。それが時価総額だ。しかし、それがすべてではない。

エンタープライズバリュー——氷山の全体

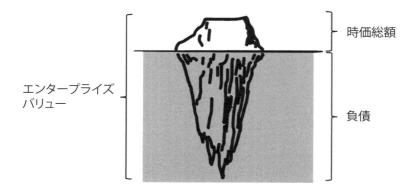

エンタープライズバリューとは、全株式と全負債（および負債同等物）を取得するためにはどれだけの資金が必要かを示すものである。これは氷山と同じである。時価総額とは海面上に出ている部分だ。それは容易に目にすることができる。海面下にある氷山の残りの部分、つまり負債は深く沈み込んでいる。そのために、そこにも目を向ける必要がある。良い知らせに出合うこともある。つまり、企業には多額の現金があるが、負債はまったくない、と。そうなると、一見するよりも安いということを意味する。

では、1つの点を除いて、すべてが同じ2つの銘柄があるとして考えてみよう。どちらも時価総額は1000万ドルである。1社は、500万ドルの負債を抱えており、もう1社は銀行口座に500万ドルの現金があるが、負債はまったくない。どちらが安いといえるだろうか。500万ドルの現金を保有する企業は、500万ドルの負債を抱える企業よりも安い。しかし、時価総額だけ見ていては区別がつかない。どちらの時価総額

エンタープライズバリュー──負債は悪、現金は善

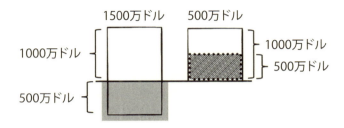

も1000万ドルで同じなのだ。では、500万ドルの現金を保有する企業が、500万ドルの負債を抱える企業よりも安いのはなぜであろうか。ここで、それぞれの企業の全株式を買収したときにどうなるかを考えてみよう。

1000万ドルを投じて500万ドルの負債を抱える企業を買うと、500万ドルの負債を抱える企業を保有することになる。われわれは、この負債を返済しなければならない。われわれがこの企業から手にするものは、負債を返済するまではその借り入れにかかるコストの分だけ少なくなるのだ。500万ドルの現金を保有する企業はどうだろうか。1000万ドルを投じてこの企業を取得すると、すぐにこの現金と利益のすべてを自由にすることができる。現金を還元させることができるのだから、この企業にはたった500万ドルしかかからないのだ。

これら2つの企業のエンタープライズバリューはどのようになるだろうか。エンタープライズバリューでは、負債を抱える企業には罰が与えられ、負債の額が時価総額に付加される。現金を保有する企業に

は報奨が与えられ、その額が時価総額から差し引かれる。つまり、500万ドルの負債を抱える企業のエンタープライズバリューは1500万ドル（時価総額1000万ドル＋負債500万ドル）となり、500万ドルの現金を保有する企業のエンタープライズバリューは500万ドル（時価総額1000万ドル－現金500万ドル）となるわけだ。

　なぜ負債が重要になるのだろうか。では、現実の例としてGM（ゼネラルモーターズ）を取り上げてみよう。2005年、GMの時価総額は170億ドルであり、負債は2870億ドルであった。GMの時価総額を見ただけでは、同社が抱える巨額の負債を見逃してしまう。その負債をGMの時価総額に足し合わせると、エンタープライズバリューは少なくとも3040億ドルになる。GMのエンタープライズバリューを見れば、時価総額よりも多くのことが分かってくる。2009年にGMが破産宣告をしたとき、その巨額の負債が主たる要因であった。

　エンタープライズバリューには、その他２つの重要なコストが含まれる。優先株と少数株主持ち分である。優先株とは、その保有者に優先的に配当を支払う株式のことである（普通株式の配当に先駆けて支払われ、また普通株式にはないいくつかの権利を有するので優先なのだ。仮に企業が普通株と優先株のどちらにも支払うだけの資金的な余裕がなければ、優先株にだけ配当が支払われる）。

　配当は固定されており、金利のように定期的に支払わなければならないので、これは負債と同じである。エンタープライズバリューでは、優先株を発行している企業には罰が与えられ、その額が時価総額に付加される。時価総額が1000万ドルあり、優先株を1000万ドル発行している企業のエンタープライズバリューは2000万ドル（1000万ドル＋1000万ドル＝2000万ドル）となる。

　少数株主持ち分とは、企業の事業のうちほかのだれかが保有している小さな持ち分のことである。企業のすべてを保有しているとしても、ほかのだれかがその事業の10％を保有しているとしたら、われわれは

事業の90％しか保有していないことになる。事業のすべてを保有するためには、その他者と交渉し、彼らの少数株主持ち分を買い上げなければならない。これは企業全体の買収者が支払うべきもので、負債や優先株と同じである。

エンタープライズバリューがゼロ（もしくはマイナス）となる企業も存在する。エンタープライズバリューが低い、またはマイナスの企業は掘り出し物である。これは、その企業が時価総額と比較して負債がほとんどなく、多額の現金を保有していることを意味するからである。

市場の評価に従えば、エンタープライズバリューがマイナスの銘柄の事業そのものにはまったく価値がないことになる。エンタープライズバリューがマイナスの銘柄を取得したら、その株式を買うことで、間接的に資金を受け取ることになる。企業が保有する現金を用いて、すべての株式を買うことができるのだ。実際に、エンタープライズバリューが低い、またはマイナスの銘柄の事業は、必ずとは言わないまでもひどいものであることが多い。彼らは現金を燃やしているのだ。

例として、時価総額が5000万ドルあり、現金を1億ドル保有している企業を想定してみよう。同社のエンタープライズバリューはマイナス5000万ドル（5000万ドル－1億ドル＝－5000万ドル）である。エンタープライズバリューがマイナスの企業はアクティビストを引きつけ、彼らはその現金をほかの目的に仕向けることができるのだ。彼らは事業を清算し、すべての費用を差し引いたあとに残った現金を手にすることができる。

GMの例で学んだとおり、エンタープライズバリューが時価総額よりも大幅に大きい場合、企業が多額の負債（もしくは優先株や少数株主持ち分）を抱えている可能性がある。そのような企業は、時価総額で見るよりも割高なのである。それゆえ、エンタープライズバリューこそが企業の本当の値段だと言えるのである。

マイナスのエンタープライズバリュー——余剰資金は偉大である

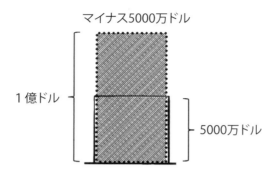

営業利益

　ウォーレン・バフェットは株主への手紙のなかで、自分は「支払い金利前税引き前営業利益」を追いかけていると記すことが多い。彼は、バークシャーでは「営業利益を生み出すことに主眼を置いている[41]」と述べている。では、「営業利益」とは何であろうか。
　「ここで言っている『営業利益』では、キャピタルゲイン、特別勘定科目、主要なリストラクチャリング費用を除外している[42]」とバフェットは述べている。営業利益とは、事業の営業から得られる収入のことである。そこには金利や税金の支払いは含まれない。また、資産の売却や訴訟和解金などの不定期な、一度かぎりの取引は除外される。一度かぎりの取引は将来再び発生することがないから除外されるのだ。それらは、経常的な事業活動を示すものではないのである。
　営業利益は、企業の財務諸表には記載されない。財務諸表の数字を

もとに算出しなければならないのだ。その定義は次のようになる。

営業利益＝売上高－売上原価－一般販管費－減価償却費

　企業が公表する利益、つまり総損益を営業利益と比較した場合、この２つの差が金利と税金になる。営業利益を算出するには、金利は税控除の対象となるので、金利と税金を足し戻すことになる。企業がその借り入れに対して支払った金利の額は、支払う税額に影響するのだ。
　営業利益は、支払い金利前税引き前利益であるEBITと類似している。２つの数字が同じになることも多い。しかし、営業利益は損益計算書の上から下へと算出されるのに対して、EBITは下から上へと算出されるので、２つの数字は異なるものとなる。上から下へと計算される営業利益は標準化された指標で、企業間や産業間、そしてセクター間での比較が可能となる。特別科目、つまり企業が将来再現しないと考えている収入を除外することで、純粋に営業に関連するものだけを利益に含めることができる。
　投資家は営業利益を用いて、銘柄を同一条件で比較することができる。たとえば、２つの似た企業を想定する。１社は多額の負債を抱え、もう１社は無借金である。多額の負債を抱える企業は多額の金利を支払うことになるが、支払う税額は少ない。そして、純利益はより小さなものとなる。債務のない企業は金利を支払うことはないが、税額は大きくなる。そして、純利益もより大きなものとなる。
　金利と税金を足し戻すことで、２つの企業の利益を比較することができる。そうすると、どちらの事業も同じ営業利益を上げていることが分かる。これらはまったく同じなので、その価値も同額となるべきである。営業利益を用いれば、負債比率の異なる銘柄を同一条件で比較することが可能となるのだ。

買収者のマルチプルの使い方

　企業のエンタープライズバリューをその営業利益で割れば、買収者のマルチプルが算出される。では、どのように利用するのだろうか。PERと同様に、２つの異なる企業を比較して、どちらが安いかを測ることができるのだ。マルチプルは小さければ小さいほど良い。買収者のマルチプルが５の企業は、マルチプルが10の企業よりも安いのだ。では、いくつかの例を具体的に見ていこう。

　２つの企業があり、１社は時価総額が1000万ドル、保有する現金が500万ドルで、営業利益が100万ドルとする。同社のエンタープライズバリューは500万ドル（1000万ドル－500万ドル）だ。そして、買収者のマルチプルは５（500万ドル÷100万ドル）となる。

　もう１社は、時価総額が1000万ドル、負債が500万ドル、営業利益が100万ドルである。同社のエンタープライズバリューは1500万ドル（1000万ドル＋500万ドル）で、買収者のマルチプルは15（1500万ドル÷100万ドル）となる。

　買収者のマルチプルがより低い１つ目の企業のほうが安い。これは、時価総額（どちらも1000万ドル）と営業利益（どちらも100万ドル）がどちらも同じであっても真である。負債と現金がその違いを生んだのだ。

　では、買収者のマルチプルが20の銘柄と、５％の利息がつく銀行口座のどちらかを選択することはできるだろうか。これらは比較可能なのだろうか。乱暴な言い方だが、営業利益は実際に費消することはできないが、金利はそれができるので、２つを直接比較することはできない。企業が抱える債務を考慮しなければならないことを思い出してほしい。金利の支払いは、企業が支払う税額と純利益とに影響を与えるのだ。

　買収者のマルチプルは２社以上の企業を比較するのに最適であり、わ

れわれはそのように利用している。われわれは株式市場に上場しているすべての企業のそれを算出する。そして、もっとも割安となっている銘柄、つまり買収者のマルチプルがもっとも小さい銘柄を探すのである。

　では、買収者のマルチプルをどのように魔法の公式と比較するのであろうか。どうして買収者のマルチプルは魔法の公式を打ち負かすのであろうか。

第7章

市場に打ち勝つ秘訣

The Secret to Beating the Market

「論理的に導き出した事実を、それ本来の意義を超えて適用すべきではない」――ジョン・ル・カレ(『高貴なる殺人』より)

2017年、私はユークリッド・テクノロジーズに、買収者のマルチプルと魔法の公式を独自に検証するよう依頼した。ユークリッドはワシントン州シアトルを本拠に、クオンツのバリュー投資を行う企業であり、株式分析のマシンラーニングのパイオニアであるマイケル・セクラーとジョン・アルバーグによって運営されている。ユークリッド・テクノロジーズは、アメリカ最高の研究向け金融データベースの1つを開発した。

　ユークリッド・テクノロジーズでは、1972～2017年まで、30の銘柄からなるポートフォリオのシミュレーションを行った。買収者のマルチプルに基づいた銘柄からなるポートフォリオを、魔法の公式に基づいた銘柄からなるポートフォリオならびに市場とを比較したのだ。ユークリッド・テクノロジーズは、グリーンブラットの3つのユニバース、つまり時価総額が5000万ドル以上、同じく2億ドル以上、同じく10億ドル以上のそれぞれで検証を行った。その結果は素晴らしいものであった（シミュレーションの詳細については、付表を参照されたい）。

時価総額5000万ドル以上

　時価総額5000万ドル以上の銘柄で行った検証では、買収者のマルチプルが魔法の公式に打ち勝った。S&P500にはどちらも打ち勝っている。買収者のマルチプルは年18.6％の複利リターンとなったが、魔法の公式は同じく16.2％である。

　買収者のマルチプルがわずかに上回ったわけだが、これは44年全体で見れば大きな差となる。理論上、それぞれの戦略に投じられた1万ドルは、買収者のマルチプルで1870万ドル、魔法の公式では760万ドルとなった。

1973年に買収者のマルチプルと魔法の公式とS&P500に1万ドルを投資したときの比較——時価総額5000万ドル以上（1973～2017年）

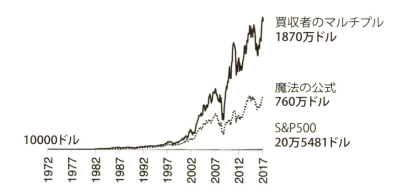

時価総額2億ドル以上

　時価総額2億ドル以上の銘柄で行った検証では、またも買収者のマルチプルが魔法の公式を上回ったが、その差はより小さなものであった。ちなみに、どちらもS&P500には勝利している。より大きな企業を対象とするユニバースでは、買収者のマルチプルが年複利で17.5％、魔法の公式が同じく17.2％である。
　買収者のマルチプルのわずかばかりの優位性は、44年全体で見ても大きな差とはならなかった。理論上、それぞれの戦略に投じられた1万ドルは、買収者のマルチプルで1260万ドル、魔法の公式で1120万ドルとなる。

1973年に買収者のマルチプルと魔法の公式とS&P500に１万ドルを投資したときの比較──時価総額２億ドル以上（1973〜2017年）

時価総額１０億ドル以上

　最後に、最大規模となる時価総額10億ドル以上の銘柄を対象とした検証では、買収者のマルチプルが魔法の公式に圧勝する結果となった。ちなみに、どちらもS&P500には打ち勝っている。この最大規模の銘柄からなるユニバースでは、買収者のマルチプルが年複利で17.9％、魔法の公式が16.2％である。

　買収者のマルチプルがわずかに上回ったわけだが、これは44年全体で見れば大きな差となる。理論上、それぞれの戦略に投じられた１万ドルは、買収者のマルチプルで1490万ドル、魔法の公式では760万ドルとなった。

　グリーンブラットが選択したすべてのユニバースにおいて、買収者のマルチプルが魔法の公式に打ち勝ったのだ（リターンのシミュレーションの詳細については、付表を参照されたい）。

第7章 市場に打ち勝つ秘訣

1973年に買収者のマルチプルと魔法の公式とS&P500に１万ドルを投資したときの比較——時価総額10億ドル以上（1973〜2017年）

　買収者のマルチプルが魔法の公式に打ち勝った要因は何であろうか。平均回帰である。ヒストリカルの収益性に基づいて銘柄を選択するとリターンが減少する。それを示すために、もっとも高い利益を上げた銘柄だけを取得する新たな戦略を構築する。ここでは価値には着目しない。われわれはこの戦略を、チャーリー・マンガーの『プア・チャーリーズ・アルマナック（Poor Charlie's Almanac）』に登場する可哀想なチャーリー（Poor Charlie）にちなんで、ピュア・チャーリー（Pure Charlie）と呼んでいる。

　ピュア・チャーリーは、買収者のマルチプルの対極にある。ここでは、純粋な利益、つまり投下した資本に対する利益がすべてである。この戦略は、もっとも高い利益を上げた30銘柄を取得する。価値にはまったく気を配らない。次に、ピュア・チャーリーが同様の検証で、買収者のマルチプルや魔法の公式とどのように太刀打ちするかを示していく。

1973年に買収者のマルチプル、魔法の公式、ピュア・チャーリーに１万ドルを投資したときの比較 ── 時価総額5000万ドル以上（1973～2017年）

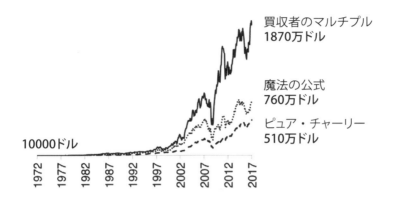

時価総額5000万ドル以上

　時価総額5000万ドル以上の銘柄を対象とした検証では、買収者のマルチプルも魔法の公式もピュア・チャーリーを上回った。特筆すべきは、ピュア・チャーリーも市場には打ち勝っていることである（悪い戦略ではないということだ）。ピュア・チャーリーは年15.1％というまずまずの成績を残した。44年全体で見れば、ピュア・チャーリーに投じられた１万ドルは510万ドルとなる。

時価総額２億ドル以上

　時価総額２億ドル以上の銘柄を対象とした検証では、買収者のマルチプルと魔法の公式は、年14.8％のリターンを上げたピュア・チャーリーに再び打ち勝った。ちなみに、ピュア・チャーリーは市場には打

1973年に買収者のマルチプル、魔法の公式、ピュア・チャーリーに1万ドルを投資したときの比較──時価総額2億ドル以上（1973～2017年）

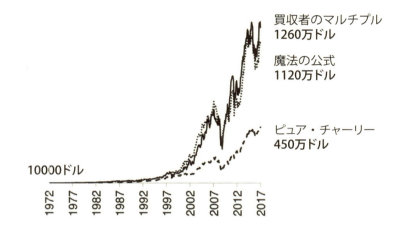

ち勝っている。44年全体で見れば、理論上、ピュア・チャーリーに投じられた1万ドルは450万ドルとなった。

時価総額10億ドル以上

時価総額10億ドル以上の銘柄を対象とした検証では、買収者のマルチプル、魔法の公式双方ともピュア・チャーリーを打ち負かした。ピュア・チャーリーのリターンは年13.7％である。それでもピュア・チャーリーは市場には打ち勝っている。44年全体でみれば、理論上、ピュア・チャーリーに投じられた1万ドルは290万ドルとなった。

ピュア・チャーリーは悪い戦略ではない。極めて収益性の高い企業からなるポートフォリオを保有することは有効である。しかし、価値に着目した魔法の公式に打ち勝つことはできなかった。もちろん、純

1973年に買収者のマルチプル、魔法の公式、ピュア・チャーリーに1万ドルを投資したときの比較——時価総額10億ドル以上（1973〜2017年）

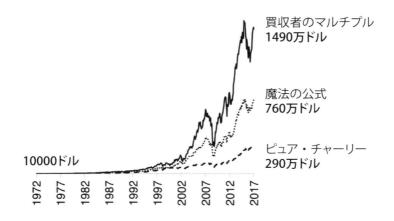

粋に価値に着目する戦略がもっとも有効である。それゆえ、買収者のマルチプルは2つの戦略を打ち負かすのだ（リターンのシミュレーションの詳細については、付表を参照されたい）。

これらの結果は特別なものではない。投資銀行のドレスナー・クラインウォートは、イギリスやヨーロッパにおける1993〜2005年の検証で、同様の結果を見いだしている。[43] 買収者のマルチプルは、彼の地で、同じ期間にわたって魔法の公式に打ち勝っているのだ。魔法の公式が買収者のマルチプルに競り合ったのは日本だけである。

ドレスナー・クラインウォートは、優良企業を追い求めることがリターンを縮小させることを発見した。買収者のマルチプルだけを用いたことで得られた利益は「かなり大きなもの」である。魔法の公式のもっとも良かった点は、ドットコムバブル期の市場では買収者のマルチプルを上回ったことにある。1997〜1999年のにわか景気においては、割安銘柄は遅れをとったのだ。ドレスナー・クラインウォートのリポ

ートではこう結論づけられている。「概して、バリュー戦略は極めて有効である」

買収者のマルチプルの近親者ともいえるエンタープライズバリューに関するロッホランとウェルマンによる2009年の論文もある。そこでは、エンタープライズバリューは「アメリカ株のほぼすべてのユニバースで……相対的価値を測るに大変重要な指標である[44]」と結論づけられている。

　　言い換えるならば、われわれの検証結果は、ウォール街と学術界の双方が認めるところと言えるかもしれない。

では、なぜ買収者のマルチプルは魔法の公式に打ち勝つのか。なぜ「格安な価格の適正企業」が「適正な価格の優良企業」に打ち勝つのか。グリーンブラットの過去の研究にその手がかりがある。

グリーンブラットのシケモク

「われわれの統計に基づいたスクリーニングは、容易に見いだすことができ、さらには強固なバランスシートと大きな資産価値とに守られている割安銘柄の一群を掘り起こしている。われわれの条件に合致する企業は、本質的に株価が低く、流動性に優れているので、買収の対象となりやすいのだ」──ジョエル・グリーンブラット（『ハウ・ザ・スモール・インベスター・キャン・ビーツ・ザ・マーケット』より）

1976年、当時19歳になるジョエル・グリーンブラットは初めてベンジャミン・グレアムに関する記事を読んだ。彼が読んだのは、「ベン・グレアムの遺言」というフォーブスの記事である。これは、彼が亡く

なるちょうど1カ月前に行ったファイナンシャル・アナリスト・ジャーナルとのインタビューをまとめたものである。

その記事のなかでグレアムは、株式を評価する複雑な方法をもはや支持しないと述べている。彼が必要としていたのは、いくつかの簡潔なツールであった。重要なことは、簡潔な割安の基準に合致する銘柄を買うことである。

グレアムは、自身のシケモク手法を利用することを投資家に提案している。これは、バフェットが自身のヘッジファンドでサンボーン・マップやデンプスター・ミルを見いだすときに用いたものと同じ手法である。この手法は、負債よりも多くの現金や流動資産を保有している銘柄を探すというものである。そして、その株式が価値の純額に対して大幅に割安となっているときにだけ取得するのだ。これは「だれでも利用でき」かつ「間違いようがない」ものだとグレアムは述べている。[45]

この記事を読んだ当時、グリーンブラットはウォートン・スクールの学生であった。彼は興味をそそられる。そして、グレアムの手法を検証することに決めたのだ。クラスメートのリッチ・プツェナとブルース・ニューバーグとともに、グリーンブラットはスタンダード・アンド・プアーズの株式ガイドの山を読み漁る。3人はグレアムのシケモク銘柄のリターンをはじき出そうとしたのだ。

彼らは、株式市場が大きく動いた時期のリターンを検証することにした。彼らが選んだのは、1972年4月～1978年4月までのボラティリティの高い6年間で、そこには市場がほぼ半値まで下落した1974年の株式市場の暴落も含まれている。また、株式市場が2倍にもなった力強い回復期も含まれている。

彼らは手作業ですべての銘柄の価値を算定し、そのリターンを追いかけなければならなかった。これは重労働である。そこで、彼らは検証の対象を時価総額が300万ドル以上で、AまたはBで始まる銘柄にだ

け限定したのだ。

これによってサンプルはおよそ750銘柄となった。これは、スタンダード・アンド・プアーズの株式ガイドに掲載されている銘柄の約15％に相当する。数カ月に及ぶ入念な検証ののち、グリーンブラット、プツェナ、ニューバーグはいくつかの結果にたどりつく。グレアムのシケモクは、市場を年率で10％以上も上回ったのだ。

グリーンブラットはその結果を論文にまとめた。それは、1981年のジャーナル・オブ・ポートフォリオ・マネジメントに「ハウ・ザ・スモール・インベスター・キャン・ビーツ・ザ・マーケット（How the Small Investor Can Beat the Market）」というタイトルで掲載された。

記事のなかで、グリーンブラットとプツェナとニューバーグはこう問いかける。「どうして有効なのか」。彼らの答えはこうだ。「清算価値よりも安い価格で売られている銘柄になんらかの『魔法の』特徴を見いだすことはできなかった[46]」

> 簡潔に言えば、株式のバリュエーションが大幅に低くなっていると思われる、という基本的な考えに基づいて投資対象の銘柄を絞ることで、これら非効率な価格付けがなされ、割安となっている銘柄に多くの投資資金を割り振ることができるだろう。言い換えるならば、清算価値よりも高い価格で売られている銘柄のなかにも割安な銘柄がたくさんあるであろう、ということだ。

グレアムは正しかったのだ。彼の簡潔なシケモク手法を用いて株式を買うことは有効なのだ。グリーンブラットの検証結果を支持するほかの研究もある。

1983年、ヘンリー・オッペンハイマーは改めてグレアムのシケモク手法を検証している。当時、オッペンハイマーはニューヨーク州立大学でファイナンスの准教授を務めていた。彼は、1970～1983年までの

13年間のリターンに注目した。そして、この手法が市場に打ち勝つことをオッペンハイマーは発見したのである。

　ジェフリー・オックスマンとスニル・モハンティの力を借りて、われわれも1983～2008年までの25年間でグレアムのシケモク手法を検証してみた。われわれも、それが市場に打ち勝つことを発見している。では、なぜ有効なのだろうか。

　第一に、株式が割安となっていることがある。割安になればなるほど、リターンは大きくなる。「安全域」というグレアムの直観は正しかったのである。割引幅が大きければ大きいほど、利益も大きくなるのだ。

　各銘柄について、オッペンハイマーはシケモクとしての価値からの割引率を算出した。そして、株式をもっとも割安なものからもっとも割高なものまで、5つのグループに分けた。もっとも割安なグループはその次に割安なグループに打ち勝ち、その次に割安なグループはさらにその次に割安なグループに打ち勝った。そして、もっとも割高なグループのリターンがもっとも低かった。もっとも割安なグループは、もっとも割高なグループを年10％以上も上回ったのである。

　オッペンハイマーの2つ目の発見がもっとも興味深いものとなった。彼は株式を2つのグループに分けた。1つは利益を出している銘柄だけ、もう1つは損失を出している銘柄だけである。オッペンハイマーは、赤字の銘柄が黒字のグループに打ち勝つことを発見したのだ。

　彼の3つ目の発見もまた興味深い。彼は利益を出しているグループをさらに分割する。第一のグループは配当を支払っている銘柄で構成する。第二のグループは配当の支払いがない銘柄だ。そして、配当を払っていない銘柄が、配当を払っている銘柄に打ち勝つことをオッペンハイマーは発見したのだ。

　われわれはオッペンハイマーと同じ意見である。シケモクは市場に打ち勝つのだ。赤字のシケモクは黒字のそれに打ち勝つのだ。配当を

支払っていないシケモクは、配当を支払っているそれに打ち勝つのだ。では、なぜであろうか。

簡潔に言えば、「平均回帰」である。

価値に対する割引幅が大きければ大きいほど、リターンは向上するであろうとわれわれは考えている。それ以外は期待できない。しかし、どちらも平均回帰の理論には合致するのだ。

平均回帰は、割安銘柄の低迷した株価を押し上げる。そして、低迷した事業も押し上げるのだ。

リターンを最大化する鍵は、平均回帰の機会を最大化することである。つまり、安全域を最大化するのだ。われわれはもっとも割安な銘柄を求めている。そして、それらが確実に平均回帰することを求めているのだ。

大きな安全域は、平均回帰がその魔法を発揮する時間をもたらすことになるから重要なのだ。次に、安全域を最大化するために、買収者のマルチプルやグレアムのシケモクの研究から得られる簡潔なルールをいくつか紹介しよう。

秘訣——安全域

『証券分析』(パンローリング) でグレアムは、「安全に投資を行う秘訣を３文字にまとめろ」と問われたら、「安全域」と答えると述べている。

われわれは主に、価値に対する割引幅に安全域を見いだす。だが、それは貸借対照表と事業の検証でもあるのだ。次に、安全域に関する３つのルールを挙げる。

1. 企業がその価値に対して割安となっていればいるほど、安全域は大きくなる。安全域が大きければ大きいほど、リターンは大きく

なり、リスクは小さくなる。大幅に割安となっていれば、価値の算定で少しばかり間違えても、価値が下落しても、許容されるのだ。これは市場で受け入れられている知恵と相反するものである。そして、ファイナンスの学者たちを無視してもいる。そのどちらもが、より高いリターンはより大きなリスクを意味すると考えているのだ。

2．安全域を企業の貸借対照表のなかに見いださなければならない。負債が過大なために下落している銘柄があまりに多い。われわれは、その銘柄が負債よりも多くの現金を保有しているか、負債は事業に比して少ないかを確認する必要がある。買収者のマルチプルはまさにそのような銘柄を支持するのだ。

3．企業の事業のなかに安全域を見いださなければならない。企業は実業を行っているべきである。それは堅実な営業利益と、それに見合ったキャッシュフローを生み出してきているはずで、それにふさわしいキャッシュフローがあるならば、会計上の利益は現実のものであり、ずる賢い横領犯による空想の産物ではないのだ。われわれも、粉飾の兆しを探すべきである。それは、詐欺へと続く道の第一歩となりかねないのだ。

ビジネスモデルを探し求めて科学実験やおもちゃをもてあそんでいる企業は、投機家に任せておけばよい。しかし、過去に優れた業績を残しながらも直近の利益が低迷している場合、ディープバリューのコントラリアンがジグする好機が生まれるのだ。

第 8 章

ディープバリューのメカニック

The Mechanics Of Deep Value

「結局、彼はすべて自分の責任だとしたいのさ。褒めるも責めるも自分次第。運は使用人であって、主人ではない。運は気楽に受け止めて、徹底的に利用しなきゃならない。だが、それが何であるかは理解しておかなければならないし、成功する確率が上がっていると勘違いしてはならない。だから、下手なことと運が悪いことをはき違えるとギャンブルでは致命傷になる。どんな運でも愛すべきであって、怖がるべきではない」——ジェームズ・ボンド（イアン・フレミング著『カジノ・ロワイヤル』より）

マイケル・J・モーブッサンは、優良企業が優良であり続ける要因とは何かを研究してきた。彼は、クレディ・スイスの投資銀行部門で、国際金融戦略部のヘッドを務めているが、グリーンブラットと同じく、コロンビア・ビジネススクールの非常勤教授でもある。彼にはバリュー投資と行動ファイナンスに関する４つの著作がある。2012年、彼は『ザ・サクセス・イクウエイジョン（The Success Equation）』というタイトルの素晴らしい書物を出版し、そのなかで、優れた企業が時間の経過とともにどうなるかに目を向けている。

　なぜ「格安な価格の適正企業」が「適正な価格の優良企業」に打ち勝つのか。なぜなら、優れた企業が優れたままでいることはできないからである。それらはビジネスサイクルの頂点で優れたもののように見えているだけである。平均回帰が優れた企業を平均へと押し下げるのである。

　優れた企業とは、極めて収益力が高い企業であることを思い出してほしい。それらは、ほかの企業よりも、投下した１ドルに対してより多くのお金を生み出す。モーブッサンは、時間の経過とともに、もっとも収益力の高い企業において、それが平均的なものになるまで利益が減少していくことを発見したのだ。利益が継続して増大する企業もわずかながら存在するが、どのようにしてそれが可能なのかは分からない。高い収益力を維持できる数少ない企業と、平均にまで落ち込む多くの企業との違いは、本当のところは分からない。それは偶然にすぎないのだ。

　モーブッサンは、2000～2010年にかけて1000社を追跡することで、収益力が極めて高い、または収益力が極めて低い企業がどのように平均へと向かっていくかを示している。彼は、2000年時点のエコノミックプロフィット（エコノミックプロフィットとは、ROIC－WACCとして算出される。「ROIC」は「Return On Invested Capital［投下資本利益率］」の略である。ROICは、投下された資本に対して企業がどれだ

けのお金を生み出すかを測る指標である。生み出すお金が多ければ多いほど良い。「WACC」は「Weighted Average Cost of Capital［加重平均資本コスト］」の略である。これは、市場がその企業の資本にどれだけのコストを課すかを示すものである。借入資本について言えば、金利のことであり、自己資本については、市場が求める期待リターンである。市場はリスクの高い企業により大きな期待リターンを要求し、より安全な企業に対してはそれが少なくなる。実際に、リスクの高い企業ではPER［株価収益率］が低くなり、より安全な企業ではPERが高くなると考えられている。ROICとWACCの差がエコノミックプロフィットである。この分析では資本はタダではないと考えている。企業は、その資本コストを上回る利益を上げてのみ、言い換えれば、エコノミックプロフィットを出してのみ、優良な企業と言える）、つまりどれほど優良かに基づいて企業をランク付けした。トップのグループがもっとも収益力の高い企業である。それらは素晴らしい企業である。そして、ひどい企業を最低のグループに分類した。これらは概して損失を出しているものである。

　その結果が次ページの図に示されている。5つのグループすべてにおいて、平均的な利益へのトレンドが目に見えて存在する。収益力の高い企業はそれが低くなり、赤字の企業はその額が減少していく。すべて平均的な収益へと向かっているのだ。

　優れた企業が平均的な企業となってしまう要因は、平均回帰である。物事は正常へと戻るのだ。つまり、利益は時間の経過とともに平均へと戻るのである。優れた企業というのは、外れ値なのだ。それは平均よりも収益力が高い。時間の経過に伴い、その企業の利益が平均的なものになるまで、競合他社が異常に高い利益を食いつぶしていくのである。

　これは、収益力が平均よりも低い、ひどい企業でも起こることである。時間の経過とともに競合他社が撤退し、やがて企業は平均的な利

平均回帰——利益は平均へと収束する

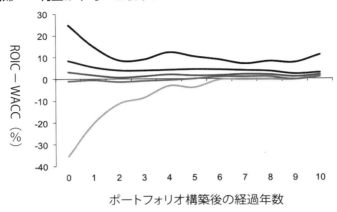

出所＝マイケル・J・モーブッサン「The Success Equation : Untangling Skill and Luck in Business, Sports, and Investing」(Boston: Harvard Business Review Press),2012年

益を安定して上げるようになる。これが平均回帰の構造である。

奇妙にも高い利益を維持する企業もある。最初から最後まで高い利益を維持する銘柄もわずかながら存在することをモーブッサンは発見している。しかし、彼にはその理由が分からなかった。また、どの企業が高い利益を維持するかを事前に予測する手がかりを見いだすこともできなかった。彼が確実に言えたことは、高い収益力を維持する企業も存在するが、ほとんどの企業は平均に回帰するということだけである。

ウォーレン・バフェットは、枯れ草の山から針を見つけることができる。彼は、競合他社から自らを守ることができる「堀」を持つ企業を見いだすことができるのだ。堀がなければ、競合他社が殺到し、高いリターンを平均まで押し下げてしまう。ほんのわずかな企業だけが堀を持っている。優れた企業と思われているほとんどは堀を持ち合わせてはいない。それゆえ、もっとも収益力の高い企業が時間の経過と

ともに利益を減少させることになるのだ。

　これは簡潔極まる真実である。つまり、利益は時間の経過とともに平均に収束する。それを回避する銘柄も存在はするが、その理由は分からない。バフェットが持つ事業分析の天分がなければ、収益力の高い企業がそうあり続けることを当てにしてはならないのである。それゆえ、「格安な価格の適正企業」が「適正な価格の優良企業」に打ち勝つのだ。

線形の誤謬

　「われわれの統計に基づいたスクリーニングは、容易に見いだすことができ、さらには強固なバランスシートと大きな資産価値とに守られている割安銘柄の一群を掘り起こしている。われわれの条件に合致する企業は、本質的に株価が低く、流動性に優れているので、買収の対象となりやすいのだ」——ジョエル・グリーンブラット（『ハウ・ザ・スモール・インベスター・キャン・ビーツ・ザ・マーケット』より）

　ウェーナー・デ・ボンツとリチャード・セイラーは、投資家の行動と株価の研究を行う経済学者である。彼らは行動経済学者として名を馳せた。1987年、デ・ボンツとテーラーは１つのアイデアを思いつく。株式はわれわれが過剰反応をすることで割安にも割高にもなる。平均回帰はもっともらしい。しかし、われわれは利益のトレンドを「推定」しすぎる。われわれは直近の利益に合わせて直線を描き、そのトレンドが継続するものと仮定してしまう。

　投資家は、ここ数年上昇を示して、利益を上げている銘柄がその後も上昇を続けることを期待する。そして、ここ数年利益が低迷していた銘柄は引き続き下落するであろうと考えるのだ。

過剰反応——利益のトレンドを推定しすぎる

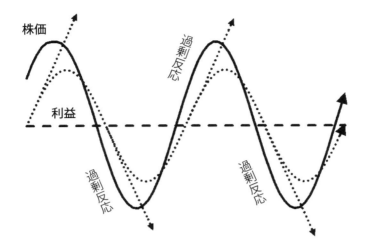

　利益が増大している銘柄は、投資家がその利益は引き続き増大するだろうと期待することで割高となる。そして、利益が低迷している銘柄は、投資家が利益は引き続き減少するだろうと思うことで割安となる。言い換えれば、投資家は利益が平均回帰するとは考えていないのだ。だが、彼らは間違いである。平均回帰はもっともらしい結果なのである。

　デ・ボンツとテーラーは割安な銘柄や割高な銘柄を見いだし、その利益を追跡することで、この考えを検証した。彼らは、株式をPBR（株価純資産倍率）に応じてランク付けした。

　純資産とは企業が保有する資産の価値から、同社が抱える負債を引いたものである。これは企業の価値を測る１つの基準である。PBRはその価値に対して、どれだけの価格を支払うかを測定するものだ。純資産よりも支払う価格が低ければ、掘り出し物を手にした可能性がある。純資産よりも支払う価格が高ければ、払いすぎている可能性があ

平均回帰──取得後の利益のトレンド（1966～1983年）

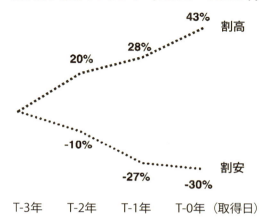

出所＝Werner F. M. De Bondt and Richard Thaler, "Further Evidence on Investor Overreaction and Stock Market Seasonality," The Journal of Finance 42, no. 3 (1987), 557-581, doi:10.2307/2328371.

る。

　デ・ボンツとテーラーは、株式を5つのグループに分けた。もっとも安いグループを割安銘柄、もっとも高いそれを割高銘柄と呼んでいる。

　上の図は、彼らが銘柄を選択した日までの3年間における、割安銘柄と割高銘柄の1株当たり利益の変化を示している。

　なぜ割安銘柄が割安となっているのかが容易に見て取れる。取得までの3年間で利益が30％も下落しているのだ。投資家はこの利益が減少し続けると思ったのである。

　割高銘柄は、同じ3年間で利益が43％も増大したので割高なのだ。投資家はこの利益が増大を続けると期待する。では、その後どうなったのかを見ていこう。

　驚きである。取得後、割安銘柄の利益は割高銘柄のそれよりも大き

平均回帰——取得後の利益のトレンド（1966〜1983年）

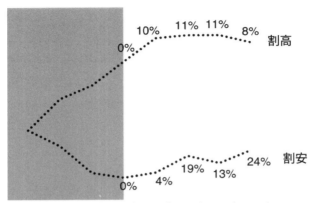

出所 = Werner F. M. De Bondt and Richard Thaler. "Further Evidence on Investor Overreaction and Stock Market Seasonality," The Journal of Finance 42, no. 3 (1987), 557-581, doi:10.2307/2328371.

く増大したのだ。割安銘柄の利益はその後の4年間で24％も増大した（このグラフは、利益の平均回帰を示す驚くべき証拠である）。

　割高銘柄の利益成長は、同じ時期に8％まで低下した。割高銘柄はそれまでの利益成長を維持できなかったのだ。一方、割安銘柄のほうは大きな利益成長をもたらしたのである。これこそが、平均回帰である。

　割安銘柄は株価の面でも優れたリターンをもたらした。その4年間で市場を41％も打ち負かしたのである。一方、割高なポートフォリオに含まれていた銘柄は市場に1％負けた。これは、特筆すべき結果である。

　デ・ボンツとテーラーの発見は、利益が平均回帰することの証拠となる。利益の大きな増大や減少は長くは続かないのだ。われわれが利

益減少のトレンドは続くと思うので、株式は割安になるのである。しかし、平均回帰が作用することになるのだ。

　大きな下落が成長へと転化し、大きな成長が鈍化する。結果として、割安銘柄の利益は割高銘柄の利益よりも大きく増大するのだ。

　また、割安銘柄の株価は市場よりも大きく上昇する。市場よりも大きな利益成長と株価の上昇を期待するならば、割安銘柄に目を向けるべきである。

エクセレントでないものを求めて

「私見だが、GDP（国内総生産）比としての企業利益は、ある程度の期間は６％以上を維持すると楽観的に考えてよいと思う。この比率を引き下げているのが競争だが、これは健在だね」――ウォーレン・バフェット（「ミスター・バフェット・オン・ザ・ストックマーケット」1999年11月）

　1982年のベストセラーとなったトム・ピーターズの『エクセレント・カンパニー』（英治出版）は「史上最高のビジネス本」と言われている。このなかでピーターズはアメリカの優良企業43社に焦点を当て、何が彼らをして「エクセレント」ならしめているのかを見いだした。これらの企業は高い収益力と成長性を誇っている。ピーターズはスタンフォードで博士号を修得している。彼は、自らを「元エンジニア」としており、「数字と統計では不十分だ」という漠然とした考えを持っているという。

　　数字と統計では、企業が実際にどのように運営されているかという全体像が分からないと思う。

この本は、「これらの企業を成功させている……8つの経営の原則」があると断言している。これが大ヒットとなった要因だろう。

　5年後、アナリストのミッチェル・クレイマンが、ピーターズがエクセレントとした銘柄を見直している。彼女は、そのほとんどが劣化していることを発見した。高い成長性と収益力は消え去っていたのだ。実際に、銘柄のほとんどがピーターズの基準に照らしても、もはやエクセレントではなかった。その理由は何であろうか。平均回帰である。競争が、高い収益性と成長率とを平均まで押し下げたのだ。彼女は次のように述べている。[47]

> ファイナンスの世界では、ROEは平均まで回帰する傾向があることを研究者たちが示してきた。経済理論では、高いリターンをもたらす市場は新たな参入者を引きつけ、彼らが徐々にリターンを一般的な市場の水準にまで引き下げてしまう、と説明している。

　ピーターズのエクセレント・カンパニーは、投資対象としても残念なものであった。全体で見れば、それらは株式市場に負けたのだ。個別で見ると、3分の2が市場に遅れを取り、市場に打ち勝ったのは3分の1にすぎない。クレイマンは、エクセレントな銘柄が負けたのは、市場が将来の成長性や収益力はさらに高いものだと考えたからだと述べている。結果として、それらの銘柄は割高になりすぎたのだ。

　ピーターズと同じ基準を用いて、クレイマンは「災難探し」を行った。彼女はエクセレントでない銘柄のポートフォリオを構築したのだ。次ページの表は、クレイマンのエクセレントでない銘柄と、ピーターズの基準を用いて新たに選択したエクセレントな銘柄とを比較したものである。

　エクセレントな銘柄はすべての指標でエクセレントでない銘柄を上回ったが、たった1つ、バリュエーションではそうはならなかった。成

ピーターズの「エクセレント」銘柄対クレイマンの「エクセレントでない」銘柄（1976～1980年）

	エクセレント	エクセレントでない
資産の成長	22%	6％
ROE	19%	7％
PBR	2.5倍	0.6倍

長性では、エクセレントな銘柄が年22％とより高くなった。エクセレントでない銘柄はたった年6％成長したにすぎない。

　エクセレントな銘柄はROEでも19％というより良い結果を残した。エクセレントでない銘柄のリターンはたった7％である（ROEの高い事業が「優良」であることを思い出してほしい）。

　資産の成長性とROEを見ただけでは、エクセレントな銘柄がエクセレントでない銘柄に打ち勝つように思うかもしれない。しかし、クレイマンのエクセレントでない銘柄は割安であり、エクセレントな銘柄は割高なのだ。

　クレイマンのエクセレントでない銘柄のPBRは0.6倍、ピーターズのエクセレントな銘柄は同じく2.5倍である。言い換えれば、エクセレントでない銘柄は「格安な価格の適正企業」であり、エクセレントな銘柄は「適正な価格の優良企業」ということだ。どちらの銘柄がより優れた投資対象であろうか。

　2013年、バリー・B・バニスターが、1972～2013年にかけてクレイマンのエクセレントでない銘柄の検証を行った。バニスターは、エクセレントでない銘柄が、エクセレントな銘柄にも、また市場にも大幅に打ち勝つことを発見する。エクセレントでない銘柄のリターンは平

エクセレントでない銘柄がエクセレントな銘柄とS&P500に打ち勝つ

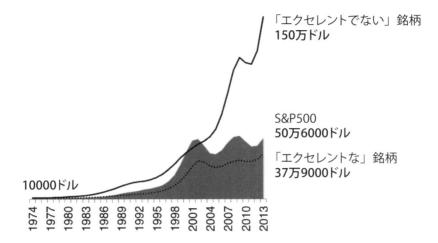

出所＝Barry B. Bannister and Jesse Cantor. "In Search of "Un-Excellence" --An Endorsement of Value-style Investing" Stifel Financial Corp. July 16, 2013.

均すると年14％であり、エクセレントな銘柄のそれはたったの年10％である。同期間における市場のリターンは平均11％である。

エクセレントでない銘柄は市場に３％も打ち勝ったが、エクセレントな銘柄が市場に打ち勝つことはなかった。エクセレントな銘柄は市場に１％負けたのである。

この図は、エクセレントでない銘柄に投じられた１万ドルがどのように増えたのかを示したものである。同額をエクセレントな銘柄と株式市場にも投じている。リターンは、1972年６月〜2013年６月30日までのものである。

エクセレントでない銘柄が、エクセレントな銘柄にも市場にも打ち勝った理由は何であろうか。平均回帰である。バニスターは次のように述べている。[48]

理論上、高いリターンは新たな参入者を引きつけ、それが収益力を押し下げる。一方、リターンが低いと競合他社が撤退し、また経営の刷新や、競合他社や金融界の買い手による買収につながることになる。

　エクセレントな銘柄は、その事業が悪化するから市場平均に劣後するのである。収益力と資産の成長性は平均に収束する傾向がある。エクセレントでない銘柄の事業も悪化するが、それはエクセレントな銘柄ほどではない。クレイマンのエクセレントでない銘柄が市場に打ち勝ったのは、価格と価値との差が狭まったからである。言い換えれば、PBRが上昇したのだ。
　エクセレントでない銘柄のPBRは平均に収束する傾向があり、そのため株価が上昇するのだ。エクセレントな銘柄は、エクセレントでない銘柄よりも優れた事業であり続ける。しかし、エクセレントな銘柄のバリュエーションは下落するので、その株価も出遅れるのだ。これこそが、平均回帰である。
　平均回帰によって、割安銘柄の株価は時間の経過とともに上昇し、割高銘柄の株価は下落するのである。
　収益力の高い産業は競争を招いてしまう。それと同じ力が、採算の取れない産業から競合他社を追いだすのだ。これによって、優良な事業が適正な投資対象となり、適正な事業が優れた投資対象となる傾向が生まれるのである。
　優良な銘柄は、投資家がその将来の成長と利益を過大に見積もるために市場平均に劣後する。適正な事業は、投資家がPBRの変化を過小評価するために、市場に打ち勝つのだ。割安銘柄には平均的な価値へと向かうトレンドがあり、それが株価を引き上げるのである。割高な銘柄が平均的な価値へと向かうと、株価は下落するのだ。

平均回帰を想定することが、優れた投資となる。それは、成長率にも、ROEにも、株価にも作用する。これが優れたバリュー投資の２つの中心命題につながるのだ。

１．長期的には、割安銘柄が割高銘柄や市場に打ち勝つ。なぜだろうか。株価は本質的な価値へと収束する。割高銘柄は下落し、割安銘柄は上昇するのだ。これこそが、アイカーンやバフェットのようなバリュー投資家が市場に打ち勝ってきた要因である。
２．ROEと利益の成長率も平均に回帰する。高いROEは低下する。高い利益成長率は低下する。低いROEは上昇し、低かったり、マイナスの利益成長は増大するのだ。

　これこそが、「格安な価格の適正企業」が「適正な価格の優良企業」に打ち勝つ理由であり、買収者のマルチプルが魔法の公式に打ち勝つ理由である。

　コントラリアン投資家は、平均回帰を利用する。彼らは、ROEが低い、または利益が減少している割安銘柄が市場に打ち勝つことを知っているのだ。彼らはリターンと成長性の大きい魅力的な銘柄が市場に負けることを知っているのである。

　バフェットもこのことを理解している。それゆえ、彼は堀のある企業を買うことに神経を研ぎ澄ますのである。魔法の公式には堀は分からない。買収者のマルチプル、もだ。しかし、買収者のマルチプルは魔法の公式ほど営業利益を意識することはない。それゆえ、魔法の公式に打ち勝つのである。

　買収者のマルチプルは、いずれの世界でも最良のものである。それは、大幅に割安となっている銘柄を探す。そして、時間が経過すると、そのうちのいくつかが再評価されることになる。

　「格安な価格の適正企業」を探している投資家はいるのであろうか。

次の第9章では、彼らに会いに行こう。彼らが何を探し、どのようにそのターゲットを見いだしているかを見ていこう。

第 9 章

海賊王

The Pirate King

「彼は中立地帯では、信じられないほど横暴で、極めて乱暴で野蛮なことを言って人々を辱めているらしい。彼のことを知らない者たちは、注意して接近するか、武器を持っていったほうがいいだろう」──ウィンストン・チャーチル(『わが半生』より)

1989年12月15日午前1時。ニューヨークの歴史で、もっとも寒い年の、もっとも寒い12月の、もっとも寒い日の、もっとも寒い夜であった。30人の男たちが、平床式のトラックの荷台から、3220キロ余りの銅像を降ろそうと苦労していた。重く、ツルツルで、長さ5メートル超、高さ3.3メートル超もある銅像は容易には動かない。男たちはさっさと仕事を済ませなければならなかった。凍えるような寒さのなか、彼らはいたずらをしようとしていたのである。

　彼らに与えられた時間は8分もなかった。その時間が経過すれば、パトロール中のニューヨーク市警の警官が戻ってくる。借りてきたクレーン車を使って、男たちはトラックの荷台から銅像を持ち上げた。そして、ブロードストリートのど真ん中にある18メートルものクリスマスツリーの足元に下ろした。そこは、NYSE（ニューヨーク証券取引所）の真ん前である。5分後、1人の男を残して、トラックは去っていった。

　1人残った男は、49歳のシシリア移民で、名前をアルトゥーロ・ディ・モディカという。彫刻は彼が作成したものだ。彼はその制作に34万6000ドルの自己資金と2年間を費やした。巨大で、筋肉質の牛の銅像は、角を生やし、頭を下げ、恐ろしい表情をしている。体を左に傾け、小鼻を広げて、しっぽを背中まではね上げている。ディ・モディカはこれをチャージングブルと名づけた。株式市場が暴落した1987年を機に制作されたチャージングブルはリマインダーだと彼は言う。攻撃性、楽観主義、そして富の象徴である、と。これはアメリカの人々の強さと力を表現したものだ。これはマンハッタン市への彼からの贈り物である。

　ディ・モディカは凍えるような寒さのなか、太陽が昇るのを待っていた。最初に銅像を発見したのは、朝早い通勤者たちである。彼は、人々が立ち止まって、巨大な牛の銅像に目を奪われていることを喜んだ。人だかりができる。何百人もの町の労働者や観光客たちがその周

りに立ち、眺め、触れている。幸運を求めてその角に触ろうとする人の列が出来た。もうひとつのより長い列は、睾丸を磨こうとする人々である。ディ・モディカはその様子を昼ごろまで眺め、そしてランチに向かった。

　午後になり、NYSEの職員たちが銅像を撤去するよう求めてきた。ディ・モディカは許可を得ていなかったのだ（彼は許可を得ようともしていない。これは一種のゲリラアートなのだ。許可を得るようなものではない。これは人々に向けられたものなのだから）。警察はNYSEの要求を拒絶した。彼らには3トン以上もある牛を動かす意欲も能力もなかったからである。次の夜、民間業者がクイーンズにある押収財産の管理施設まで牛を引いていった。

　ニューヨーク・ポストのカメラマンが、牛が平床式の荷台に引かれる瞬間をカメラに収めた。翌日、新聞の見出しが躍る。「くだらない、NYSEの無粋な連中はクリスマスプレゼントの牛に我慢がならないようだ。無理やりに撤去した」。ニューヨーカーたちは激怒した。市民たちは、ニューヨーク市公園局に牛を戻すよう圧力をかけた。1週間もたっていない1989年12月21日、牛はボウリンググリーンに設置され、今日もその象徴として同じ場所に鎮座ましている。ディ・モディカは、買収の10年であった1980年代最後の乗っ取りを見事にやってのけたのである。

　買収の10年は、1976年にカール・アイカーンが新たに立ち上げたヘッジファンドの投資家候補に短い書状を送ったことで幕が開ける。アイカーン・マニフェストと呼ばれた書状には、割安銘柄を探し出し、それを買収するというアイカーンの計画が記されていた。

　アイカーンは「比較的小さなリスクで、巨大な利益を上げる機会を創出する独特の方法である[49]」と述べている

　　ほとんどの国内企業やほぼすべての外国企業が、ターゲットとな

る企業に対して、「敵対的な」買収を仕掛けることに尻ごみしている。しかし、支配権を巡る争いを主導できれば、概して投資家には巨万の利益がもたらされるものである。ターゲットとされた企業は、真剣に恐れを抱くと、一般に「ホワイトナイト」と呼ばれる、より高い買い付けを出してくれる、より友好的な企業を探すことはよくあるが、そうすることで買収合戦が始まるのだ。ターゲットとなった企業が時折講じる別の手立ては、買収者が保有する株式を買い取ろうとすることであるが、これらがすべて失敗に終わると、ターゲットとなった企業は清算することを提案してくる。

「割安」銘柄の大きなポジションを構築し、当該企業の運命を支配しようとすることで、大きな利益を獲得することができるというのがわれわれの論点であるが、そうするためには次の行動が必要となる。

①清算するか、「ホワイトナイト」へ売却するよう経営陣の説得に努める
②プロキシーファイトを遂行する
③公開買い付けを行う
④企業に自分たちの持ち分を買い戻させる

主たる問題は、ターゲットとなった企業の経営陣は「概して、自社株をほとんど有しておらず、それゆえ、たいていの場合、買収されることにまったく関心がない」ことであるとアイカーンは述べている。それは、自分が職を失うことになりかねないがゆえに、家の所有者に邸宅の売却をやめさせた庭師のようなものだ、とも述べている。

アイカーンの計画はシンプルだ。まず、割安な企業の株式を取得する。持ち分は、経営者の注意を引くに値するほど大きなものでなければならない。次に、企業を売却するよう経営陣に圧力をかける。と同

時に、支配権を確立するためのプロキシーファイトを仕掛けることで、当該株式が割安であることを市場に知らしめる。経営陣に売却する意向がなければ、敵対的な公開買い付けを仕掛けることで、当該企業を「土俵に」上げる。

　公開買い付けによって、アイカーンはウィン・ウィンの立場を得る。それによって、株価の底が形成される。アイカーンはほかの買い手がより高い買い付けを行うかどうか様子を見て、彼らに売りつけることもできる。別の買い手が現れなければ、アイカーンは自分自身で企業を買収できる。ほかのだれも欲しがらないわけであるから、彼は割安に手に入れることになるのだ。

　企業を支配しようとすることで、アイカーンは彼自身の運命をも支配することができる。彼は割安な株式を取得し、自力でその株価を価値まで押し上げることができる。アイカーンが平均回帰を待つまでもなく、市場が株価を押し上げるのだ。彼は、かつてバフェットが示したコントロールシチュエーションのトリックを利用することになる。そして、自分自身も利益を上げることになるのだ。

　アイカーンの最初のターゲットは、1881年創業の老舗レンジメーカーであるタッパン・ストーブ・カンパニーであった。この銘柄を紹介したのは、アイカーンの部下のアナリストであるアルフレッド・キングスレーである。同社のバリュエーションを見たキングスレーは後にこう語っている[50]。

　　われわれがタッパンでポジションを構築したとき、ほかのだれもがマジック・シェフに夢中だったが、私は、「マジック・シェフのマルチプルは高すぎる。これ以上どうなろうと言うのだ」と言ったのだ。マジック・シェフはサイクルの頂点にあり、タッパンは底にあった。それこそ私が手を出したいところである。

タッパンは、ゼネラル・エレクトリックとウェスティングハウスが支配する市場の小さなプレーヤーにすぎなかった。タッパンを土俵に上げれば、この2社のどちらかがタッパンを買うかもしれないとアイカーンは考えたのである。

　アイカーンは7.50ドルで株式を買い始める。タッパンの価値は1株当たり20ドル程度と彼は判断していた。つまり、上昇余地は1株当たり12.50ドル（20ドル－7.50ドル＝12.50ドル）、もしくは投資額の3倍近い（20ドル÷7.50ドル＝2.7）ものとなる。大幅に割安となっていることで、下落余地は限られ、タッパンを買収させることができれば、上昇余地は巨大なものとなる。完璧なウィン・ウィンのターゲットだ。

　最初の株式を手にしたあと、アイカーンはタッパンの会長であるドナルド・ブラジウスに電話をかけた。アイカーンは、すでに1万5000株を保有しており、今後さらに買い増すことを考えているとブラジウスに伝える。ブラジウスにはそのメッセージが理解できなかった。彼は、アイカーンはタッパンについて自分と話ができたことを喜んでいると考えていたのだ。

　アイカーンは喜んでなどいない。彼はさらに5万5000株を取得し、再びブラジウスに電話をかけた。今回は間違いなかろう。アイカーンは、買収候補としてタッパンを気に入っているとブラジウスに伝える。彼は、割安な株式を買うことでたくさんのお金を稼いできたと言った。買収で株価が2倍になったことは何度もあった。タッパンは優れた買収ターゲットだと考えていたのである。しかし、ブラジウスはアイカーンが言っていることが理解できなかった。1977年当時、買収は珍しかったのである。アイカーンは持ち株を数十万株まで増大させ、タッパンの買い手を見つけることにさらに力を入れる。と同時に、引き続き、タッパンの株式を買っていた。1978年後半、彼のポジションは、SEC（米証券取引委員会）に13Dの報告書を提出する規模にまでなった。企業の株式を5％以上保有する株主は、当該企業の買収または清算を計

画するときには、13Dを提出しなければならないのだ。

　13Dが提出されたことで、ついにウォール街はタッパンが動いているというニュースを手にした。株価は跳ね上がる。アイカーンはブラジウスに電話をかけ、買収者が17ドルで自分の持ち株を買いたいと言ってきたと伝えた。アイカーンは20ドル以上での売却を望んでいたが、ずっと売却を検討していた。彼はまた取締役の席を要求したのだ。ブラジウスの答えは、ノーである。やっと彼はアイカーンが本当の脅威であることを理解したのである。

　タッパンは、敵対的買収を阻止するために株式の発行に動いた。これはアイカーンにとっては問題である。新株が発行されれば、自らの持ち分を生かして同社の売却を推し進めることができなくなる。彼は新株発行を差し止めなければならなかった。

　彼の対応はメディアに話をすることであった。彼はタッパンをまごつかせ、株式の発行を撤回させ、同社を売却させようとしたのだ。これはうまくいった。あっという間に取締役会は圧力に屈する。彼らは新株発行を撤回することに合意する。

　アイカーンは引き続き圧力をかける。4月、彼はタッパンの株主に手紙を送り、取締役の席を望んでいるとしたためた。彼はまた、同社の予想価値である1株当たり20ドルで同社を売却したがっていた。これは、時価からすれば大きなプレミアムである。経営陣たちは給料を貰いすぎているがため、株価の下落が気にならないのだと彼は述べている。アイカーンは、事業の所有者のように考えていたのだ。彼はこう記している。[51]

　　もし私がこのような業績で、かつ大きな純資産を有する事業を個人的に所有しているとしたら、その事業を売却しようとするのは確実である。同じ論理がタッパンのケースでも当てはまると考えている。

彼は、株式発行の撤回は、それが買収を阻止するためのものであったことを株主たちに思い出させたのだ。アイカーンは、自分が取締役に選任されれば、すぐに20ドル近い価値での売却を推し進めると約束した。この手紙は効果があった。ここで、アイカーンはタッパンの取締役の席を勝ち取る。

取締役となったアイカーンは約束を実行する。すぐに彼はタッパンの資産売却に動く。最初の取締役会で、赤字のカナダ部門を清算するよう圧力をかけた。この部門は売却に値する、価値ある不動産を保有していたのだ。彼はまた、カリフォルニア州アナハイムにあった工場も売却する。

これと同時に、アイカーンは企業全体の売却も推し進めた。彼はバイアウトファームやほかの潜在的買収者にタッパンを売り込んだのである。

ブラジウスは、アイカーンが勝利し、すぐにタッパンの買い手を見つけるだろうと思った。彼は自分自身のホワイトナイトを見つけるべく活動し、スウェーデンの巨大家電メーカーであるABエレクトロラックスと面会する。エレクトロラックスは1株当たり18ドルで取得することに合意する。

これはアイカーンにとっても素晴らしい結果となった。エレクトロラックスが買ったことで、彼は手持ちの32万1500株から279万ドルの利益を獲得した。平均買い付け価格が9.60ドルであるからおよそ100％のリターンである。

エレクトロラックスへの売却を承認する最後の取締役会で、タッパンの会長であるディック・タッパンは次のように述べた。「アイカーンはわれわれに尽くしてくれた。われわれは市場価値から50％ものプレミアムを手にしたのだ。そしてエレクトロラックスはタッパンに資本投下してくれる」[52]

ターゲット企業	買収に取り掛かる3カ月前	買収に取り掛かった後の高値
タッパン	8ドル	18ドル
ワーナー・スワジー	29ドル	80ドル
ナショナル・エアラインズ	15ドル	50ドル
ワイライン	13ドル	28.5ドル
フリントコート	30ドル	55ドル

出所 = Mark Stevens, King Icahn (New York : Penguin Group, 1993)

　タッパンはアイカーンのほうを向いてこう言った。「私が一口乗れるような取引はあるかね」

　「えぇ、今、1つ取り組んでますよ」とアイカーン。

　それはアイカーンのヘッジファンドであった。そして、ディック・タッパンはアイカーン・パートナーズ・ファンドに10万ドルを投資した。上の表が示すとおり、これは素晴らしい投資となった。

　出だしこそ控えめなものであったが、彼の自伝を書いたマーク・スティーブンスが表現したように、アイカーンはやがて「恐るべき乗っ取り屋、金融戦略家」へと成長していった。

　1980年代の絶頂時、彼は何十億ドルもの資金を支配していた。彼は公開市場の巨人たちに襲い掛かり、「アメリカのハイウエーの大きな赤い星」であるテキサコには124億ドルの買収を仕掛けた。彼はまた世界初の10億ドル企業であり、当時の時価総額が60億ドルであったUSスティールにも攻撃を仕掛けている。

　ほかの投資家たちも気がついた。乗っ取り屋という小さな産業が出現したのだ。彼らは1987年の株式市場の大暴落で姿を消した。しかし、2000年代初頭のドットコムバブルのあとを追ってアクティビスト投資家の新種が現れたのである。次の第10章ではその2つの例を見ていこうと思う。

第10章

新たな幸運の紳士たち

New Gentlemen of Fortune

「立派なルールが支配する世界、民衆のあらゆる些細なことが考慮される世界、事業は冷徹で、武器には弾薬が込められていても、互いの礼節と敬意を忘れない戦場。そんな世界であれば何と素晴らしいことであろう」——ウィンストン・チャーチル（『わが半生』より）

ディ・モディカが牛をマンハッタンに設置してから10年以上が経過した2000年9月初め。3月に始まったドットコムバブルの崩壊に気づいた者はまだほとんどいなかった。4月に10％以上下落したあと、市場は高値付近まで上昇したが、その後、再び高値をうかがうことはなかった。不快な50％もの下落がやってきた。弱気相場の到来は、公式には6カ月で20％の下落と定義されている。今のところ、水面は落ち着いているようだったが、若きヘッジファンドマネジャーのダン・ローブは大きな問題を抱えていた。

　ローブは、マンハッタンのパークアベニュー沿いの27階にあるオフィスで、サード・ポイント・パートナーズというヘッジファンドを運用している。サード・ポイントの名は、ローブが育ったロサンゼルスにあるサーフィンのメッカにちなんだものである。33歳のローブは、1995年に家族や友人から330万ドルを集めてサード・ポイントを立ち上げた。ローブ自身の資金は34万ドルだけだった。

　彼はこの虎の子の資金を毎年35％増大させ、彼に投じられた1ドルは5ドルほどになったのだ。5年後の現在、彼は2億ドルを運用している。

　彼の2番目に大きい投資先は飼料メーカーのアグリブランズである。ローブはこの銘柄にファンドの11％を超える2200万ドルを投じている。取得価格は1ドル当たり40ドルほどであった。そして今、同社のCEO（最高経営責任者）であるビル・スティグリッツは、ローブが投じた価格よりも1ドル低い39ドルで同社を売却しようとしていた。

　65歳になるスティグリッツは策士である。1981年、アグリブランズの元の親会社ラルストン・ピュリナが彼をCEOに任命した。当時、ラルストン・ピュリナは何でもありのコングロマリットであった。飼料、ペットフード、ファストフードチェーン、キノコと大豆農場、スキーリゾート、さらにはプロのアイスホッケーチームも所有していた。

　スティグリッツは、セントルイス・ブルーズ、キーストーン・スキ

ーリゾート、ジャック・イン・ザ・ボックスのレストラン、ピュリナ・ミルズの飼料事業を売却した。一方で、より優良な事業を買収し、トゥインキーとエバーレディ・バッテリーのメーカーを取り込んだ。

すべての取引は功を奏し、スティグリッツの下、営業利益は50倍に跳ね上がった。それと同時に、同社は自社株買いを行い、発行済み株式は60％も減少した。彼がその任に就いた1981年には1.25ドルで取引されていた株価は、1997年に彼が退任するまでに80ドル台まで上昇した。

ラルストン・ピュリナでの彼の最後の行動は、2つの事業をスピンオフさせることであった。シリアルと食料品店の事業はラルコープという名の企業に姿を変えた。国際的な飼料事業はアグリブランズとしてスピンオフされた。その後、スティグリッツは退任し、アグリブランズの会長兼CEO、ラルコープの会長に就任する。スピンオフも含めて、スティグリッツは自ら引き継いだ価値を100倍以上に増大させたのだ。

アグリブランズの会長兼CEOであるスティグリッツは、自らが会長を務めるラルコープに事業を売却しようと計画していた。彼にしてみれば当然である。ラルコープの事業のほうが優良であり、アグリブランズには現金がたんまりとある。スティグリッツは、ラルストン・ピュリナでの経験をラルコープで再現しようとしているのだ。アグリブランズの現金を安く手に入れることが鍵である。売却価格は極めて低く、これはスティグリッツとラルコープにとっては都合が良いが、アグリブランズの株主にとっては都合の悪い話であり、ダン・ローブにとっては大問題なのだ。

サード・ポイントはアグリブランズの株式のおよそ4％を保有している。しかし、それではローブが影響力を持つことはできない。スティグリッツはそのような小口の株主からの電話には出ようとしない。ましてや、カリフォルニアにあるサーフィンのメッカにちなんだ名前の

ファンドの人間からの電話など出るわけがない。スティグリッツは資産を100倍にしたレジェンドである。一方、ローブは青二才にすぎない。スティグリッツが悪くて、ローブが正しいのであるが、ここでは善悪など関係ない。影響力がすべてなのだ。

アグリブランズの株式を50％以上保有しなければ、ローブはスティグリッツに意を通すことはできない。それだけの株式を買うためには、彼のファンドの残りの資金より1000万ドル多い１億9000万ドルが必要となるのだ。彼は、いずれにしてもこの１銘柄にすべてのチップを賭けたいとは思わない。スティグリッツはアグリブランズの金庫を、その本当の価値より大幅に割安な値段でラルコープの事業に取り込もうとしている。それが、ローブの小さなファンドには大問題なのである。

ローブは、友人のヘッジファンドマネジャーであるロバート・L・チャプマンがやってのけた離れ業を思い出した。チャプマンとローブは10年来の友人である。ローブは若かりしころ、住む家がないときにしばらくチャプマンのカウチで寝ていたこともある。チャプマンは、ロサンゼルスの郊外で、チャプマン・キャピタルというヘッジファンドを運営していた。

13D

その年の前半、チャプマンはアメリカン・コミュニティ・プロパティーズ・トラストという別の企業と戦っていた。同社の創業者の息子で、32歳になる会長兼CEOのJ・マイケル・ウィルソンによる大改革の結果、株価が40％も下落したことにチャップマンは腹を立てていた。

アメリカン・コミュニティの株式の5％を保有するチャプマンは、株式市場の警吏であるSEC（証券取引員会）に13Dを提出しなければならなかった。13Dでは、チャプマンはアメリカン・プロパティーズの持ち分をどうするつもりか、市場に公表しなければならないのだ。ア

メリカン・プロパティーズを買収しようとしているのか。清算しようとしているのか。だれかほかの者に売却しようとしているのか。13Dの第７項は、いかなる「重要事項も開示する」よう求めている。チャプマンはウィルソン宛ての公開書状を添付することをひらめいた。

その書状のなかでチャプマンは、アメリカン・コミュニティは「大幅に割安となっている小型株（小型とは時価総額の小さい企業である）[53]」であると思ったから投資したのだと記した。大改革で株価が急騰すると思われたのに、実際には半値近くまで下落してしまったのだ。

得をしたのはウィルソン家だけである。彼らは同社が保有するいくつかの資産を割安で手に入れた。巨額の給料も得ている。ウィルソンの父親は、コンサルティング料と配当とで何十万ドルも受け取っている。チャプマンは、大改革は「ウィルソン家の略奪のための戦略的な大失敗」だと記した。

彼はまた、同社が自分の電話を返してこないことにも腹を立てていた。チャプマンは１日に３回は同社に電話をかけていたが、アメリカン・プロパティーズの幹部たちはその電話のほとんどを無視したのである。珍しく電話を返してくることがあっても、それはあまりに遅く、数週間後、数カ月後といった具合であり、１年後ということもあった。ウィルソンは一族が同社を安く買えるように、株価を下落させようとしているのだとチャプマンは記したのである。

チャプマンは同社を清算させようと考えていた。そうすることで、ウィルソン家の「おいしい仕事」に終止符を打つことになると考えたのである。そして、株価のほぼ７倍に相当する資金が戻ってくるのだ。彼は華々しく締めくくった。取締役会は、32歳になる「ブロンクスのマンハッタン大学の卒業生で、銀行ローンの事務員だった」人物に「現実世界のモノポリー[54]」をやらせているのだ。

チャプマンの書状は有効であった。彼は公開の場でウィルソンとアメリカン・コミュニティを辱め、資産を売却し、負債を減らさせたの

だ。アメリカン・コミュニティは配当の支払いを再開する。その後、資産の売却が落ち着くとチャプマンは再びウィルソンに電話をかけ始めた。最初の7回の電話は無視される。

　やっと電話が通じたとき、ウィルソンはチャプマンにこう言ったのだ。「お前は心底ムカつく野郎だな。われわれはお前とは話したくない」。チャプマンはSECに提出する別の資料に電話の内容を記したが、これはメディアからさらなる注目を集めることになる。その結果どうなったであろうか。ウィルソンとアメリカン・コミュニティは再び資産の売却を加速し、株価は上昇したのである。

　チャプマンのお手紙キャンペーンは乱暴だが、事は成就した。それはメディアと市場の注目を集め、株価は跳ね上がった。ローブはこれこそ自分が必要としていることだと考える。彼は持ち分が5％を超えるまでアグリブランズの株式を取得した。今や、SECに13Dを提出できるのである。

　彼にはまだ現実的な力はない。しかし、13Dは彼に発言の場を与え、ローブはものを言うことできるのだ。かつて彼は、校庭でトラブルとなったときに守ってもらうため、上級生に1日に25セントを支払っていたのだ。今や彼は、スティグリッツと事を荒立てるために同じ手法を利用するつもりなのだ。彼は、スティグリッツの計画にスポットライトを当てる。

　チャプマンは、辞書から生まれてきたかのような高尚な英語で書状を書いてきた。彼は、「暗黙のうちに断念させる」「甚大なまでの非効率」「進言する」「有効な手立て」「縁故主義の慣習」「認知的不協和」といったフレーズで紙面を埋めたのである。彼が言わんとすることを理解するためには、投資家たちは英文学の単位を取らなければならなかった。

　この点、ローブは問題にはならない。彼はインターネットの掲示板を荒し、噂話を投稿し、互いに炎上させあう（侮辱しあう）、新種の投

資家の1人なのだ。ローブの投稿名は「ミスター・ピンク」だが、これはクエンティン・タランティーノの犯罪映画『レザボア・ドッグス』の登場人物のひとりである。ミスター・ピンクは最終的にダイヤモンドを持ち逃げする。

スティグリッツに宛てた書状のなかで、ローブは自分がしていることを率直に記した。彼はSECに書状を提出できるようにするためだけに株式を買い増したと書いた。自分の「強い反対意見が……真剣に受け止められ、広く知られる」ためには、これが唯一の方法であると考えていた。彼は、アグリブランズに対する買い付け価格が低すぎることに腹を立てている。売却価格が低すぎることを証明するために、彼はアグリブランズの買収者のマルチプルとPER（株価収益率）を引き合いに出した。これらは彼の商売道具である。

大物たちの道具

「真に優れた事業の株式が、企業全体を含めた交渉による取引であれば求められるであろう価格よりも大幅に割り引かれて市場で売られていることがあることを、われわれは経験してきている」──ウォーレン・バフェット（1977年の「会長からの手紙」）

2000年代初頭、買収者のマルチプルという言葉を耳にしたことがあった投資家はほとんどいないであろう。当時は、ベンチャーキャピタルとドットコム、IPO（新規株式公開）の時代なのだ。ローブは乗っ取り屋が用いる方法で買収者のマルチプルを活用した。つまり、隠された現金、キャッシュフロー、ワナ、そして巨額の負債を抱える企業を洗い出すのだ。彼は、アグリブランズの隠れた現金を掘り起こすことにそれを用いたのだ。ちなみに、その現金の山をスティグリッツはひそかにラルコープに滑り込ませようとしているのだ。

ラルコープは１株当たり39ドルの現金、言い換えればアグリブランズの全株式を４億2000万ドルで買収する旨の提案をした。しかし、アグリブランズは銀行に１億6000万ドルの現金を寝かせており、支配権を得ればスティグリッツはそれを自由に使うことができるのだ。つまり、スティグリッツはアグリブランズに対して、たった２億6000万ドル（４億2000万ドル－アグリブランズの１億6000万ドルの現金）しか支払わないことになる。ラルコープはアグリブランズが抱える1000万ドルの負債も返済しなければならない。これは２億6000万ドルに足し合わされるべきで、そうすることでエンタープライズバリューは２億7000万ドルとなる。ローブは、ラルコープがアグリブランズの事業に対し２億7000万ドルしか支払わないと見たわけだ。では、アグリブランズは２億7000万ドルで何をあきらめることになるのか。

　9000万ドルの営業利益である。スティグリッツはアグリブランズの9000万ドルに対して２億7000万ドルを提示したのだ。２億7000万ドルのエンタープライズバリューを9000万ドルの営業利益で割ることで、ラルコープの買い付けを買収者のマルチプルでみると2.9倍となり、アグリブランズの事業が生んだキャッシュフローの３年分より少ないこととなる。あまりにも安すぎる。彼は４億2000万ドルを公表利益の5300万ドルで割ることでPERも算出したが、7.9倍とこれまた安すぎるのである。

　アグリブランズに宛てた書状のなかで、ローブはラルコープの１株当たり39ドルという提案は買収者のマルチプルにすれば2.9倍、PERにすれば7.9倍という意味だと記した。あまりに安すぎる。彼がその価格で買うことはあっても、売ることはない。彼はペンをまるで火炎放射器のように巧みに操った。売値が安すぎる。そして売却までのプロセスが「不公平」である。

　ラルコープの会長であり、アグリブランズの会長兼CEOであるスティグリッツはこの売却で両方の立場にあるのだ。彼は「株主の利益よ

第10章 新たな幸運の紳士たち

りも個人的なそれを優先しており、資産を不公平な価格で略奪しようとしている」[57]。ローブはアグリブランズの現金とキャッシュフローはアグリブランズの株主に属するものだと述べた。それらは、「帝国を築こうとするラルコープの経営陣の欲望を満たすため」に用いられるべきではない。ローブはアグリブランズが「株主が手にする価値を最大化すべく」[58]売却されることを望んだのである。

　ローブが書状を送ってから3カ月が経過した2000年12月4日、アグリブランズはラルコープには身売りしないと発表した。その代わりに、飼料や農業製品の製造販売を行う未公開企業であるカーギルが買い手として手を挙げた。価格はどうだろうか。1株当たり54.50ドルとラルコープの提案よりも15.50ドル、36％も高いものであった。ローブの2番目に大きな投資先としては巨額の利益である。そして、ローブ自身も悪名を轟かせることになる。

　ローブはその悪名を生かして、自らの得意分野を打ち出していった。彼は、メディアやSECが無視しているフロンティアの保安官を自任した。彼は13Dを提出するためだけに小口の株式を買い、そして経営陣に書状を発射するのである。その手法は荒っぽいように思えるが、それなりの理由があるのだ。書状は闇に放たれた信号弾なのだ。そして、それは有効であった。

　ローブは時代の寵児となる。投資家は、自分たちには企業の役員会に列する神から授かりし王権があるのだと信じているわずかな役員たちに反逆を起こしたくてうずうずしているのである。彼は、投資家が有する現世の権限に応えようとしない者たち、人々の同意を得ようとしない者たちに立ち向かうのである。ローブは、ほとんど偶然に、自らを5年もしないうちに億万長者へと導く戦略に出合ったのである。

アインホーンのアイカーンの瞬間

　バリュー投資家で億万長者で『黒の株券』（パンローリング）の著者でもあるデビッド・アインホーンは、1996年にたった90万ドルの資金でグリーンライト・キャピタルというヘッジファンドを立ち上げた。彼の両親が資産の3分の2に当たる60万ドルを投資したのである。その後、彼は年に25％のリターンを上げ続けた。現在の運用額は90億ドルであり、個人資産は15億ドルにも上る。

　2013年初頭、アインホーンは当時60ドルで取引されていたアップルに対し、巨額の保有現金の一部を還元するよう圧力をかけた。アインホーンは、アップルが保有する1500億ドルの現金は、固定資産が600億ドルしかない企業にとっては過大だと述べたのである。アップルはその資金で「S&P500を構成するすべてとは言わないまでも、17の銘柄を取得する」ことができるのだ。またその現金はほとんど利息を生んでいない。株主の手に戻したほうがよほど良いのだ。

　彼は、アップルの株価は、1株当たり20ドル程度であるその現金の分だけ割り引かれていると述べた。アップルは現金をその「肥大化したバランスシート」から解き放つことで、「株主の価値を大幅に高める」ことができる。

　アップルの現金の山に異議を唱えたアクティビストはアインホーンだけではない。カール・アイカーンもアップルのティム・クックCEOに公開書状を送っている。アイカーンは、アップルに1500億ドル分の自社株買いをすることで現金を還元するよう求めたのだ。アイカーンは書状のなかで次のように記している。

　　面会時、貴職は株式が割安になっているとするわれわれの意見に同意した。われわれの見立てでは、これほど劇的な、不合理とも言える割安な状態は、短期的なアノマリーであることが多い。よ

り大規模な自社株買いのタイミングは熟しているが、その機会は永遠に続くわけではない。今日までに、取締役会は大規模な自社株買いを決定（向こう３年間で600億ドル相当の自社株買いをする）しているようだが、現在貸借対照表に計上されている1470億ドルの現金と、翌年510億ドルの営業利益を生み出すことを考えると、その規模は不十分である（ウォール街のコンセンサスでもあるが、大幅なバリュエーションのギャップと、貸借対照表に計上されたこれほど多額の現金があるにもかかわらず、どうして取締役会は、今すぐ1500億ドル［借入、または借入と貸借対照表に計上された現金を原資として］の公開買い付けを発表することで、積極的に自社株買いをしようとしないのか理解に苦しむ）。

アイカーンは、ツイッター上でこのようにつぶやいてもいる。[62]

アイカーンは、1500億ドルの自社株買いで、１株当たり利益は33％

アップルの財務データの概要

貸借対照表の概要	
現金および現金同等物の純額	1500億ドル
その他資産	600億ドル
資産合計	2100億ドル
損益計算書の概要	
営業利益	500億ドル
純利益	370億ドル
その他の統計値と比率	
時価総額	5000億ドル
エンタープライズバリュー	3500億ドル
PER	14倍
買収者のマルチプル	7倍
ROE	67%
10年物国債	3％

増大すると述べている。また、それによって株価も150％上昇し、150ドルとなる。なぜアインホーンとアイカーンはアップルに目をつけ、その現金から価値を手に入れようとしたのだろうか。

過剰な現金は企業の価値を毀損させるので、アクティビストはそこに注目するのだ。2013年のアップルを見てみよう。同社の時価総額は5000億ドル。前年の純利益は370億ドルで、500億ドルの営業利益を上げている。また、現金を1500億ドル保有している。ここで、10年物国債の利回りを3％としよう。上の表は、アップルの財務データをまとめたものである。

アップルのPERは14倍（5000億ドル÷370億ドル＝14倍）。これは優れた事業にしては低いものだ。10年物国債のPERは33倍（1÷0.03）である。アップルの代替投資として10年物国債があるならば、われわれは33倍の10年物国債に投資することも、14倍のアップルに投資する

こともできる。アップルのPERは10年物国債の半分以下なのだ。これは良い投資である。

買収者のマルチプルで見ると、アップルはさらに興味深い。アップルの買収者のマルチプルは7（3500億ドル÷500億ドル）である。アップルは、営業利益が堅調なので、そのすべての現金の山を株主に還元することもできるのだ。

これによって実現する価値を測るためには、アインホーンは市場がアップルの現金をすでにどの程度織り込みずみかを推測しなければならない。アップルが保有する現金を市場が織り込んでいないとするならば、すべての現金を還元することで、その価値は実現するのだ。つまり、配当は1500億ドル全額、言い換えれば、1株当たり20ドルとなると述べている。

これは、ROA（総資産利益率）が83％（500億ドル÷600億ドル）以上増大すれば可能である。これだけ収益力があれば、14倍以上のPERが正当化される。その場合、時価総額は5000億ドルから変化しないであろう。株主は1500億ドルを手にし、5000億ドルの時価総額となる株式を保有し続けることになるのだ。市場がアップルの現金をすでに織り込んでいるならば、開放される額は少なくなるであろう。アインホーンは次のように記している。[63]

> 市場がどの程度織り込んでいるのかを確実に知る方法はないので、どれだけの価値が開放されるかを知ることはできない。しかし、ゼロ以上か、分配される現金の価値以下か、である。
> これは警告だが、アップルがもっと優れた資本配分政策を採り、これだけの現金ならびに将来の現金をただ漠然と寝かせておくのでなければ、市場はより高いPERをもってアップルを報いることであろう。

2013年後半、アインホーンとアイカーンは、アップルに保有する現金のほとんどを還元させることに成功した。同社は自社株買いを始めたのである。2014年2月までに400億ドル相当の自社株買いをしたが、これは企業による12カ月間の自社株買い額では記録的なものであった。その後、2014年には自社株買いと配当を増大させることで、1300億ドルを還元すると発表した。
　株価は急騰した。2013年5月には56ドル程度で取引されていたが、2014年の発表を受けて、100ドルまで上昇する。アイカーンは世界に向けて一連のツイートを投稿する。[64]

その年の末までに、株価は120ドルを付ける。アイカーンは、株式市場でも最大規模の銘柄への投資で資金を１年もしないうちに倍にしたのだ。2017年、同社の株価は145ドルを付け、配当は１株当たり2.28ドルとなる見通しだ。
　アップルは、この手の価値が抑圧された割安銘柄を見つけだす買収者のマルチプルの力を示す好例である。これは、２つの勝ち方を提供するものだ。アクティビストが登場し、価値を改善し、即座にその割引幅を縮める。もしくは、平均回帰の力によって、株価が徐々に上昇していく。
　われわれも2013年４月にアップルに関して投稿している。[65]

　2016年４月後半に90ドルほどで取引されていたアップルは、われわ

れのスクリーニングでも、もっとも割安な30銘柄に入っていた。われわれはそれについて２回目のツイートをした。そのツイートがこれである。

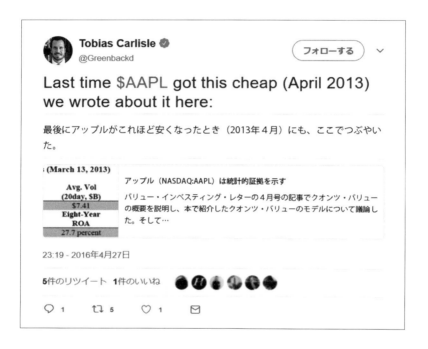

18カ月後、アップル株は80％以上も上昇し、およそ165ドルとなった。

第11章

ディープバリュー投資の技術

The Art of Deep-Value Investing

「私は『ルール』を課すと非難されることがある。だが、誤解にもほどがある。私はルールが嫌いなのだ。私は、異なる刺激にどう『人々が』反応するかを伝えているだけなのだ。……それはヒントであって、ルールなどではない」――デビッド・オグルビー(『オグルビー・オン・アドバタイジング(Ogilvy on Advertising)』より)

市場リターンを求めているならば、市場を買えばよい。市場に打ち勝ちたいのであれば、何か違うことをしなければならない。つまり、割安銘柄だけを買い、それに集中するということだ。

　集中することのトレードオフは２つの要素から成る。

1. 集中したポートフォリオは、より広範な株式市場よりもボラティリティが高くなる傾向がある。つまり、上下により大きく動くということだ。市場が良好な日はポートフォリオにとっても素晴らしい１日となるし、市場が悪い日はポートフォリオにとっては災難な日にもなり得るのだ。
2. 集中したポートフォリオは必ずしも市場に連動しない。これはトラッキングエラーと呼ばれている。つまり、集中したポートフォリオは市場が上昇したときに下落し、市場が下落したときに上昇することもある。２番目のトラッキングエラー、つまり市場が下落したときにポートフォリオが上昇するのは良いことなのだが、あなたはその場合は気にしないだろう。実際に気になるのは、市場が上昇しているのに集中したポートフォリオが下落するときだけである。学術研究では、トラッキングエラーが大きいと、長期的には優れたパフォーマンスになるとされている。しかし、市場が長期にわたって、割安銘柄で構成されたポートフォリオに打ち勝つこともあるのだ。そのようなときにはトラッキングエラーが良いものだとは思わないであろう。だれもそれを心地良いものだとも言わないだろう。

　ジグであり続けることは大変難しいものなのだ。大衆とともにザグであれ、と本能は叫ぶものだ。だが、われわれはジグであるべきことを理解している。しかし、割安銘柄を取得するのは容易ではない。なぜなら、それらの事業はひどいものだからだ。成長は滞り、利益は減

少している。つまり、資金を失い、さらには破産に向かってもいるのだ。それゆえ、それらは割安なのである。

　グレアムもそのことを理解していた。彼は『証券分析』(パンローリング) で次のように記している[67]。

> 利益が堅調に増大しているならば、株式がそれほど安価にならないことは言うまでもない。そのような株式を買わない理由は、利益が減少する、または赤字が続く蓋然性、または少なくともその可能性があるからで、そうなれば資金は浪費され、本源的価値は最終的に取得価格よりも安いものとなるであろう。

　株価が下落を続け、成長が停滞し続け、利益が減少し続け、事業が資金を失い続けることを、われわれは心配する。われわれはそのトレンドが続いてしまうと考えるのだ。それは誤りだが、容易に犯す誤りである。大衆とともにザグするという誤った判断は正しいように感じ、ジグするという正しい判断が間違っているように感じる。トレンドに追随するのは本能的なものである。平均回帰はそうではない。だが、平均回帰のほうが起こり得る可能性が高いことをデータが示している。それは投資家にいくつかの重大な影響を与えるのだ。

1．価値は利益のトレンドよりも重要である。成長性の低い、またはまったく成長しない割安銘柄は高成長の銘柄を大幅に上回る。平均回帰によって割安銘柄は上昇し、割高銘柄は下落するのである。
2．成長性の低い、またはまったく成長しない割安銘柄は、割安な高成長の銘柄に打ち勝つ。われわれは、割安な高成長の銘柄が割安な低成長銘柄に打ち勝つと期待してしまう。高成長の銘柄を割安な価格で取得できれば、優れた銘柄になると考えてしまうのだ。しかし、成長性にも平均回帰が働くことをデータは示している。高

成長の銘柄は下落し、低成長かまったく成長しない銘柄は上昇するのだ。
3．割安な収益力の低い銘柄は、割安な収益力の高い銘柄に打ち勝つ。平均回帰によって、高い収益力は低くなり、低いかマイナスの収益力は高くなるのだ。

バフェットが言う堀が利益を守るのであれば、収益力の高い銘柄だけが市場に打ち勝つことになる。堀がなければ、収益力の高い銘柄は競合他社によって打ち負かされてしまうのだ。平均回帰が利益にも働くことで、勝者は引きずり降ろされ、敗者がのし上がっていくのだ。天に向かって一直線に伸びる利益のグラフを見たら、ちょっとした常識を働かせ、素朴な疑問を持つべきだろう。

競争に耐え得る企業などまれにしか存在しないのだ。そして、そのような企業を特定することは容易ではない。バフェットには、彼が優良な企業とする、ディフェンシブな堀を持つ企業を見つけだす優れた能力がある。バフェットのような才能を持ち合わせていないわれわれのような者には、株式が割安であればあるほど、良いのである。これこそがコントラリアン投資であり、バリュー投資である。

骨折の問題

「求めている情報の70％ほどが手に入ったら、判断を下したほうが良いことがほとんどであろう。90％手に入ることを待っていたら、たいていの場合、遅いのである。さらに言えば、いずれにしても判断の誤りを即座に認識し、正すことができなければならない。軌道修正ができるのなら、間違えることは思いのほか犠牲は少なく、一方、遅いと確実に高くつく」──ジェフ・ベゾス（2017年の「株主への手紙」）

過去の株価の下落、損失、そして危機をどのように見るのだろうか。割安銘柄が市場に打ち勝つことをわれわれは知っている。しかし、悪い見出しにはつい目が行ってしまう。そのような銘柄からは離れて、大衆に追随したくなる。本能がわれわれの心をくじくのだ。

われわれが取り組んでいるのは不確実な事柄なのである。確率を推測し、未知の将来の結果を選択することを要求する問題はまさにミステリーである。われわれ人間はトレンドを好む。これは、もっとも優秀な投資家にとっても、認識論の専門家にとっても「真」である。われわれは同じ過ちを繰り返すのだとしたら、どうしたらそれを止められるだろうか。

1950年代以降、社会科学者たちは、専門家の予測と簡潔なルールとを比較検証してきた。簡潔なルールが専門家に勝ることが研究で繰り返し明らかとなった。この分野の生みの親であるポール・ミールは1986年に次のように述べている[68]。

> サッカーの試合の結果から、肝臓病の診断まで……社会科学上のこれほど多くの質的にも幅広い分野の研究において、このように一貫して方向性が一致する結果が出ることは社会科学の議論では皆無である。そして、臨床医を支持する傾向をわずかばかりでも示すような研究に遭遇することがほとんどないのであれば、そろそろ現実的な結論を出してもよいころである。

ミールが言わんとすることは、多くの問題に関して、簡潔なルールは専門家よりも優れた予測となる、ということだ。これこそが、「予想モデルの黄金律[69]」である。

バリュー投資家は次のような簡潔なルールに従っている。

●株価が本質的な価値よりも大幅に低ければ買い、そうでなければ素通りする。
●株価が本質的な価値よりも大幅に高ければ売り、そうでなければ保有し続ける。

　買収者のマルチプルや魔法の公式、またはほかの方法を用いても常に同じ価値が導き出されるのであれば、それはバリュー投資の簡潔なルールと言えるであろう。
　厳格なルールを嫌う投資家は多い。彼らは簡潔なルールがもたらした結果を用いて、それに従うかどうか判断したほうがよいと考えるものなのだ。これは悪い方法ではない。簡潔なルールを用いるならば、専門家はより優れた判断を下すことができる。しかし、専門家たちが簡潔なルールだけに従うことはない。
　これが骨折の問題である。ジョンとジェーンが一緒に映画に行くかどうかを予測するルールがあるとしよう。ジョンが骨折していることを知っているとしたら、その簡潔なルールを無視して判断を下すことができるであろうか。
　簡潔なルールにはジョンの脚が折れていることが織り込まれていないので、間違えるということもできる。たしかに、われわれはこのデータを取り込むことで、ジョンとジェーンは家にいると判断することができる。それによって、われわれの予測はより正確なものとなるだろうか。そうとはならないことが研究によって分かっている。その理由は、われわれが実際よりも深刻な骨折を想定することにある。われわれは、あまりに多くの無関係なデータを取り込んで、勝手な判断を下すことがあまりに多いのだ。
　これは、成長が鈍化し、利益が減少したり、損失を出しているひどい事業を営む企業についても「真」である。ポートフォリオに関して言えば、「格安な価格の適正企業」は市場に打ち勝つ。しかし、これら

の企業は骨折しているように見える。彼らには、簡潔なルールを覆してでも、独自の判断を下す多くの理由があるのだ。しかし、簡潔なルールに従ったほうが結果は良いものとなる。

自分でやれ

「海洋サルベージとは、結論に至っていない実験から得られた、議論の余地ある数字に基づくあいまいな仮定の下、信頼性に疑義があり、精神構造にも問題を抱える人間が、正確性に問題がある道具を用いて行う科学である」――Ｃ・Ａ・バーソロミュー(『マッド、マッスル、アンド・ミラクル(Mud, Muscle, and Miracles : Marine Salvage in the United States Navy)』米海軍省2010年)

　市場に打ち勝つための簡潔なルールの１つが、「割安な銘柄で構成されたポートフォリオを取得すること」である。ウェブサイト(https://acquirersmultiple.com/)には豊富なアイデアが掲載されている。最大規模の上位1000銘柄のうち、もっとも割安となっている銘柄はラージキャップ・スクリーナー(Large Cap Screener)で永遠に、無料で見ることができる。アメリカで上場しているすべての銘柄を対象とした、有料のスクリーナーも２つある。すべての銘柄のうち規模の点で上位50％を対象としたオール・インベスタブル・スクリーナー(All Investable Screener)と、下位50％を対象としたスモール・アンド・マイクロ・キャップ・スクリーナー(Small and Micro Cap Screener)である。
　ラージキャップ・スクリーナーにあるより規模の大きい企業は、歴史的にボラティリティもより低く、リターンもより低いものである。ボラティリティとは、株式の上下動を示す洒落た名前である。ボラティ

リティがより高いということは、ポートフォリオの上下動が大きいということであり、ボラティリティがより低いということは、ポートフォリオの上下動が小さいということである。

スモール・アンド・マイクロ・キャップ・スクリーナーにあるより小型の企業は、歴史的に絶対的リターンはより高いものであるが、ポートフォリオのボラティリティもかなり大きなものである。もっとも広範なスクリーナーであるオール・インベスタブル・スクリーナーが、リターンとボラティリティのバランスがもっとも良い。

スクリーナーの使い方

スクリーナーの基本的な使い方は2つあるが、われわれはこれを事業オーナーとクオンツ投資家と呼んでいる。

クオンツ投資家では、スクリーナーを用いてポートフォリオを構築する。そこではポートフォリオ全体のパフォーマンスを頼りにする。クオンツ投資家では、対象となる銘柄が抱える特定の問題を無視して、スクリーナーにある銘柄を取得する。投資家は市場に打ち勝つために長期的なポートフォリオを用いながら、冷徹に投資を行うのだ。

事業オーナーでは、スクリーナーをさらなる調査の発射台として利用する。そこでは、古典的で、ファンダメンタルズの投資家が行うような方法、つまり事業として各銘柄を検証する。事業オーナーでは、価値に対して大幅に割安となっており、安全域が確保される場合にのみスクリーナーにある銘柄を取得する。

どちらも等しく有効な方法ではあるが、事業オーナーのほうがはるかに難しい。ほとんどの投資家はクオンツ投資家を選んだほうが楽であろう。ここで、次のことを考えてみてほしい。ほとんどのプロの投資家も市場に打ち勝つことはできない（ほとんどと言っても、プロの投資家のうち80％といったところだ）。

ほとんどの人が市場に負ける要因は、認識の偏りと行動上の誤りにある。

　ジョエル・グリーンブラットは、彼の魔法の公式を実際に活用しようと投資家が四苦八苦していることを発見した。2012年に発表した「アディング・ユア・トゥ・センツ・メイ・コスト・ユウ・ア・ロット・オーバー・ザ・ロング・ターム（Adding Your Two Cents May Cost You A Lot Over The Long Term）」という素晴らしい記事のなかで、彼の会社で運用するアメリカのSMA（ラップ口座）の最初の2年間のリターンを検証している。

　彼は、アメリカ株に投資するにあたり、顧客に2つの選択肢を提供している。1つの口座は事業オーナーのように投資を行うもの。もう1つはクオンツ投資家のように投資を行うものである。

　事業オーナーの口座では、どの銘柄を売買するか、そしていつトレードを行うかを自分で選択する。クオンツ投資家の口座では、体系的なプロセスに従い、上位にランキングされた銘柄を自動的に売買する。

　グリーンブラットは、リアルタイムで、行動投資の実験を行ったのだ。事業オーナーの口座では売買の判断に裁量が与えられている一方で、クオンツ投資家の口座は自動化されている。どちらも、同じ銘柄リストから選択を行うのだ。では、どうなっただろうか。

　事業オーナーの口座はけっして悪くなかった。2年間で、すべての費用を差し引いた後で平均59.4％のリターンとなった。素晴らしいリターンではある。しかし、同じ2年間でS&P500は62.7％上昇していた。

　クオンツ投資家の口座は同じ2年間で、すべての費用を差し引いたあとで平均84.1％と、事業オーナーのそれを25％ほど上回った（S&P500を20％以上も上回った）。この差は大きなもので、どちらの口座も同じリストから銘柄を選択し、また同じ計画に従っていたわけであるから、なおさらのことである。

　グリーンブラットは次のように述べている。「口座を『自分で管理し

ている』人々は、勝てるシステムを用い、自ら判断することで、無意識に平均を上回るパフォーマンスを悪化させ、またそれ以上のことをしていたのである」

　彼らは市場に打ち勝つ簡潔なルールを持ちながら、自らの裁量を用いることで打ち負かされているのだ。なんということだろう。グリーンブラットは、もっともパフォーマンスの良かった事業オーナーの口座では、何も行われていなかったことを発見している。顧客は口座を開いたあと、リストに掲載された銘柄を買い、その後、２年間まったくそれらに触れなかったのだ。何もしないという戦略が事業オーナーの口座を打ち負かしたのである。

　そして、グリーンブラットはこう結論づけた。「良い知らせかどうか分からないが、そこからくみ取れるメッセージを気に入っている。つまり、長期投資に関していえば、『控えめ』であることが『より大きな効果』を生むのだ。いずれにせよ、それができたらステキということだ」

　クオンツ投資家の手法のほうが、かなり退屈なものではある。経済学者のジョン・メイナード・ケインズはこう記している。「投資というものは、ギャンブルの才能を欠く人間にとっては、耐えがたいほど退屈で、過酷すぎる代物だ。一方で、その才能を持つ者はその悪癖にふさわしい料金を支払わなければならない」。言い換えれば、ギャンブルが好きでないのなら、投資は退屈なものである、しかし、ギャンブルが好きならば、その代償を支払わなければならない、ということだ。

クオンツ投資家のルール

　スクリーナーを用いて、買収者のマルチプルのデータベースで上位にランキングされる銘柄を選択すればよい。すべてのスクリーナーで、いつでも最良の30銘柄を見つけることができる。30のポジションを構

築する必要などない。だが、20銘柄以上は保有するべきであろう。

　概して、より多くの銘柄を保有することで、より分散が図られることになるが、それによってどれだけの株式を買うか、各銘柄にどれだけ投資するかを測ることができる。

　投資対象が増えれば、それだけ各銘柄への投資額が少なくなる。1つの銘柄がゼロになっても、損失はそれほど大きくない。1つの銘柄が大幅に上昇しても、それほど大きなお金は稼げない。そうすることで、売買が増えることになるので、より運用が難しくなる。

　投資対象が少なければ、それだけ各銘柄への投資額が大きくなる。1つの銘柄がゼロになると、損失もそれだけ大きい。1つの銘柄が大幅に上昇すると、多くのお金を稼ぐことができる。銘柄が少ないということは売買も少ないということである。体系的に投資を行う簡潔な方法は次のとおりである。

1. **調査**　いかなる理由であれ、保有したくない銘柄は無視する。分散のため、最低でも20銘柄を保有する
2. **買い**　すべての株式を一度に買うのがもっとも良い。だが、スケールイン、つまり12カ月にわたって定期的にポートフォリオに加えるのも良かろう。これをする1つの方法としては、毎月2～3銘柄ずつを買うことである。
3. **売り**　課税口座であれば、勝者を1年と1日保有し、売却すれば良い。そうすることで、税引き後のリターンを最大化することができる。株価が上昇し、1年と1日経過したあとでもスクリーナーに戴っているようであれば、スクリーナーから除外されるまで保有すれば良い。株価が下落し、かつスクリーナーに戴っているのであれば、保有する。株価が下落し、スクリーナーから除外されていれば、売る。売買する必要があるかどうかを確認するために、少なくとも四半期に1回は銘柄をチェックすべきである。

4．リバランス　1つの銘柄を売ったら、スクリーナー上にある次点の銘柄でいまだ保有していないものを買えばよい。

　https://acquirersmultiple.com/ のウェブサイトには、アメリカおよびカナダで上場しているディープバリュー銘柄のスクリーナーもある。クーポンコードの「ZIG」を入力してもらえれば、月額9.99ドル（定価よりも80％低い）ですべてのスクリーナーをお試しいただけるようになっている。
　スクリーナーからもっとも良いアイデアだけを選択したいのならば、次の第12章にまとめたディープバリュー投資の8つのルールを見てほしい。

第12章

ディープバリューの8つのルール

The Eight Rules of Deep Value

「生き残ることとは、疑う能力のことである」——ジョン・ル・カレ(『ティンカー、テイラー、ソルジャー、スパイ』より)

「スパイの仕事でもっとも勇気が求められるのは、だれかを信用することである。デスクに戻り、『こいつはまったく信用できない。あっちもだめ、こっちもだめ』と言うだけならどんな愚か者でもできる。危険を冒して『あいつを信じる』と言うにはとてつもない度胸が必要なのだ」——ジョン・ル・カレ(『地下道の鳩——ジョン・ル・カレ回想録』より)

1．大衆がザグならジグ

　どのような投資を行うにも、われわれは大衆の考え、つまり一般のコンセンサスと自分たちの考えを比較する。では、どのようにしてコンセンサスを見いだすのか。それは、株価とその本質的な価値との差に現れる。われわれは本質的な価値を算定するために、独自の調査を行う。そして、われわれの予測が大衆のコンセンサスから乖離している銘柄を探すのだ。言い換えれば、大衆がザグであれば、ジグたらんとするのである。

　その理由はこうだ。良い価格を得る唯一の方法は、大衆が売りたいと思うものを買い、大衆が買いたいと思うものを売ることだ。

　良い価格というのは偏った賭けであることを示している。つまり、下落余地が小さく、上昇余地が大きいのだ。価格はすでに最悪のシナリオを織り込んでいるので、下落余地は小さくなる。これが誤りの許容範囲を生み出す。もし間違っていても、それほど多くを失うことはない。正しければ、得るものは大きくなるのだ。上昇余地が下落余地よりも大きいということは、たとえ失敗が成功よりも多かったとしても、収支はトントンとなるということだ。どうにか失敗と成功の回数を同じにする、またはより多く成功することができれば、優れた結果を得ることになるのだ。

　不人気な割安銘柄は、ジグ、つまりコントラリアン投資を行う機会をたくさん提供してくれる。その企業の事業がひどくて、退屈なものであれば、大衆はそれに過剰反応し、しびれを切らして売る。そうすることで株価は割安なものとなるのだ。時間があれば、当初よりも改善する事業はたくさんある。その理由は「平均回帰」である。

2．割安な企業を買う

　価値に対して割安であればあるほど、リターンは大きくなる。これは、アメリカでも、イギリスでも、ヨーロッパでも、アフリカでも、アジアでも、オーストラリアでも、ニュージーランドでも真実である。先進国市場でも途上国市場でもそうだ。世界中どこでも真実なのである。ディープディスカウントと優れたリターンは一体なのである。

　ほとんどの事業会社に関して、買収者のマルチプルは割安度合いを測るもっとも優れた指標である。買収者のマルチプルは、企業のエンタープライズバリューをその営業利益と比較したものである。これは、プライベートエクイティ会社が企業全体を買うとき、そしてアクティビスト投資家が隠れた価値を洗い出すときに用いる測定基準である。

　エンタープライズバリューとは、企業を買うときに支払わなければならない本当の価格のことである。それには、株価に発行済み株式総数を乗じた時価総額が加味されるが、時価総額だけでは、所有者が負担することになるほかのコストが無視されているため、判断を誤りかねない。エンタープライズバリューでは、貸借対照表とオフバランスの項目も検証する。現金はプラスに作用し、負債と優先株と少数株主持ち分とオフバランスの負債はマイナスに作用する。これらはすべて所有者が支払わなければならない現実のコストなのである。

　営業利益は、事業の運営から得られる収入を測るものである。そこでは、資産の売却や訴訟和解金などの一度かぎりの科目は除外される。われわれは、支払金利と税金とで営業利益を調整するが、それは営業利益が資本構造、つまり負債比率に影響を受けるからである。この調整によって、負債比率の異なる２つの企業を同一条件で比較することができるようになる。

　銀行や保険会社といった金融機関などの非事業会社では、簿価がより良い指標となる。いずれの指標を用いようとも、大幅に割安となっ

ている銘柄を見いだすことが目的である。

3．安全域を求める

これは、バリュエーションの割安度合い、貸借対照表、そして事業の3段階からなるテストである。

第一に、企業がその価値から割安になっていればいるほど、「安全な買い」となる。割安度合いが大きければ、誤りや価値の劣化も許容される。これは、もっとも割安な銘柄のリターンがもっとも大きくなるという究極の法則に従えば、必然的な推論である。これは、リターンがより大きいということはそれだけリスクが高いとする市場や学術界で受け入れられている考えと相反するものである。安全域が大きければ大きいほど、リターンは多くなり、リスクは少なくなるのだ。

次に、貸借対照表に関しては、われわれは負債よりも、現金や流動性の高い有価証券を好む。われわれは、リースや積み立て不足の年金などのオフバランスの負債にも目を光らせている。信用上の問題や財政難を見いだそうとしているのだ。現金がありすぎることで勝った企業は存在しないが、負債が多すぎることで沈んでいった企業は数多い。

最後に、企業は現実の事業を有するべきである。事業は堅実な営業利益と、それに見合ったキャッシュフローを生み出すべきである。ふさわしいキャッシュフローがあれば、会計上の利益は現実のものであり、ずる賢い横領犯の空想の産物ではないことがたしかとなる。われわれは、利益操作の兆しにも目を光らせる。ビジネスモデルを探し求めて、科学実験を行ったり、おもちゃであそんでいる企業は投機家に任せておけばよい。だが、過去に優れた業績を残しながらも、現在の利益が低迷している銘柄は、利益が平均回帰する機会を提供するものである。

４．株式を単なるティッカーシンボルではなく、所有権としてとらえる

　株式は、企業の所有権である。これには２つの意味がある。

　第一に、株主には企業の所有者としての権利がある。株主は株主総会で投票することでその権利を行使する。

　第二に、株主は企業が保有するすべてに注意しなければならない。それには、事業と資産、とりわけ現金が含まれる。

　われわれは、事業と貸借対照表の双方を見ることで財政上の健全性を見いだそうとする。価値のある事業もあれば、無価値の事業、またはそれ以下（継続して赤字を出しているもの）のものもある。

　同様に、優れた価値を持つ貸借対照表もあれば、負債が資産を上回ることで価値がマイナスとなっているものもある。

　多くの投資家は、事業の果実である利益を追いかけているが、貸借対照表に計上された資産は無視している。彼らは現金を無視している。一見ひどい事業のように思えても、貸借対照表が健全であれば、隠れた価値の存在を示すものともなる。資産の価値は、事業の回復にかける無料のコールオプションとなるのだ。

５．大きな利益成長と利益に警戒する

　平均回帰は強力である。それは高い成長率や大きな利益を押し下げ、低い成長率や損失を押し上げる。

　高い成長性と大きな利益は競争を引き起こし、それが成長と利益とを食いつぶしてしまう。ウォーレン・バフェットの例に倣おうとする投資家は、「堀」、つまり競争優位を持った極めて収益力の高い事業を求める。しかし、堀はほとんどの投資家が思っているよりも見いだすのが難しく、また見逃しやすいものだ。

もっとも収益力の高い企業の利益は時間の経過とともに平均に回帰することを研究が示している。一貫して大きな利益を上げる事業など一握りなのだ。しかし、われわれは、その要因を事前、つまり結果よりも先に見いだすことができずにいるのだ。言い換えれば、どれほど観察しても、安定した成長と利益を予測する要素が何なのかが分からないのだ。

　次なる高成長銘柄、または高収益銘柄を見いだす確率はコインを投げるのに等しいことを示す証拠がある。バフェットには、そのような事業を見いだす才能があるのだ。凡人は、本質的な価値に対して大幅に割安になっている銘柄を買うことで報われるのである。

　将来の成長と利益を見いだすには、困難な時期を乗り越えた企業に目を向けるのがもっとも良い。これらの企業は、本質的な価値に対して大幅に割安な価格で取引されている可能性が高い。このような企業を買えば、事業の改善と、時価のディスカウントの解消との双方を享受することができる。

６．間違いを避けるために、簡潔かつ具体的なルールを用いる

　不確実な将来の結果に関して確率に基づく判断を下すときに認識の誤りが出来する。株式市場への投資では、まさにこの手の問題が起こるのだ。

　これらの誤りを避ける秘訣は、簡潔かつ具体的なルールを用いることである。理想を言えば、それを書きだし、厳格にそれに従うのがよい。

　簡潔で、具体的なルールは検証が可能である。それらの過去検証と実践での検証を行うべきである。過去検証はそのルールがヒストリカルデータを通じて有効であるか、理想を言えば、ほかの国とほかの株

式市場でも有効であるかを確認する。実践での検証は、そのルールが実際に有効かどうかを確認する。理論上、失敗する戦略などありはしない。ほとんどすべては実際にやってみて失敗するのだ。

7．集中する、ただし集中しすぎてはならない

　市場と同等の結果を求めているなら、市場を買えばよい。市場に打ち勝ちたいのであれば、何か違うことをしなければならない。つまり、最高のアイデアだけを買う、言い換えれば、集中することだ。
　集中することのトレードオフは２つの要素から成る。

1. 集中したポートフォリオは、より広範な株式市場よりもボラティリティが高くなる傾向がある。つまり、上下により大きく動くということだ。市場が良好な１年はポートフォリオにとっても素晴らしい１年となるし、市場が悪い１年はポートフォリオにとっては災難な１年にもなり得るのだ。
2. 集中したポートフォリオは必ずしも市場に連動しない。これはトラッキングエラーと呼ばれている。つまり、集中したポートフォリオは市場が上昇したときに下落し、市場が下落したときに上昇することもある。２番目のトラッキングエラー、つまり市場が下落したときにポートフォリオが上昇するのは良いことなのだが、あなたはその場合は気にしないだろう。実際に気になるのは、市場が上昇しているのに集中したポートフォリオが下落するときだけである。学術研究では、トラッキングエラーが大きいと、長期的には優れたパフォーマンスになるとされている。しかし、市場が長期にわたって、割安銘柄で構成されたポートフォリオに打ち勝つこともあるのだ。そのようなときにはトラッキングエラーが良いものだとは思わないであろう。

集中しすぎてはならない。自分の計算と思考は誤っていると仮定すべきである。自分が間違っており、市場のほかの者たちが正しい可能性が高い、ということを常に肝に銘じておかなければならない。

8．長期的な税引き後利益を最大化することが目的である

われわれの目標は、長期的に実質の税引き後リターンを最大化することである。これには３つの重要な意味がある。

1. 長期的、つまり向こう数四半期または数年単位で考えることは、投資家に大きな優位性をもたらす。企業は向こう１～２年が厳しそうだという理由で誤った価格付けがなされるのだ。これは、短期的に市場に出遅れてもよいと考えている投資家にはうってつけの機会となる。われわれはこれを時間アービトラージと呼んでいる。これは、そのポートフォリオの規模にかかわらず、忍耐強い投資家に永続的な競争力をもたらすのだ。
2. 複利の効果が現れるまでには長い時間を要する。しかし、長期的には金利が生み出す金利、利益が生み出す利益は巨額なものとなる。
3. 税金と手数料は長期的な複利運用にとっては隠れた敵となる。手数料の高い投資信託や投資案件はパッシブのインデックス運用に打ち勝つことは難しい。しかし、手数料の低いアクティブ運用のETF（株価指数連動型投資信託受益証券）は節税効果がより大きく、長期的にも有効である。

バリュー投資は、論理的で、時間の試練に耐えた投資手法である。も

っとも優れたバリュー投資家は、ほかの者たちがザグのとき、ジグであるのだ。彼らは安全域を最大化し、コストと税金を最小化する。高い成長と利益は疑いをもって受け止める。そして、彼らは自分たちの計算や考えは誤っていると仮定するのだ。懐疑主義と謙虚さとが生き残るチャンスを最大化するのである。運と時間があれば、われわれは市場に打ち勝つことができるのである。

　以上のルールを満たす銘柄は、買収者のマルチプルのスクリーナーの本家である、https://acquirersmultiple.com/ で見つけることができる。

　もっと読みたいと思うのであれば、私のほかの著作を手に取っていただきたい。

- 『ディープバリュー（Deep Value : Why Activists Investors and Other Contrarians Battle for Control of Losing Corporations）』（2014年 Wiley Finance）
- 『コンセントレイティド・インベスティング（Concentrated Investing : Strategies of the World's Greatest Concentrated Value Investors）』（2016年 Wiley Finance）
- 『クオンティタティブ・バリュー（Quantitative Value : A Practitioner's Guide to Automating Intelligent Investment and Eliminating Behavioral Errors）』（2012年 Wiley Finance）

　ツイッターのアカウントは「@greenbackd」である。

　本書をお楽しみいただけたなら、アマゾンまたはグッドリーズでコメントを寄せていただけるとありがたい。素晴らしいレビューがあれば、さらに世に広まるのだ。

付録──シミュレーションの詳細

「対象物をひっくり返してみるほどの綿密な調査よりも、大まかに見渡し、物事の本来の姿をとらえることのほうが、人々の判断には優れた指針となる」──アレクサンダー・キングレイク『ザ・インベージョン・オブ・ザ・クリミア（The Invasion of the Crimea）』（1863年）

この付録では、シミュレーションの詳細を掲載している。この部分を読まなくても、長く、豊かな人生を送ることはできるが、これがないと満足できない人もいることは分かっている。では、始めよう。

仮定（免責事項）

1. ヒストリカルデータによるシミュレーションの結果は、実際の取引結果を表すものではなく、また経済および市場の重大なファクターが、実際に資金を運用している投資家の判断に与える影響を反映していない可能性がある。シミュレーションの結果は、結果論に基づいて構築したモデルを遡及的に適用することで得られたものである。いかなる投資戦略も、リスク管理手法も、あらゆる市場環境下でのリターンを保証し、リスクを低減させるものではない。
2. このシミュレーションでは、対象としたすべての期間における企業ならびに株式の情報を、スタンダード・アンド・プアーズのコンピュスタットのデータベースに依拠している。1987～2017年までは、金融データが公表された時点において、コンピュスタットのスナップショット（ポイント・イン・タイム）データベースに

ある金融データを利用してシミュレーションを行っている。1987年以前については、企業が財務データを公表したタイミングが包括的に記録されていないため、シミュレーションにおいては、当該データは各四半期末から90日後に投資家が利用可能になると仮定している。
3. シミュレーションでは、NYSE、NASDAQ、AMEXに上場されている金融機関を除外している。
4. 投資可能なユニバースに含まれる企業は、利益率とROIC（投下資本利益率）に基づいてランク付けされている。それぞれのシミュレーションおいて、利益率とROICに特定の加重をかけることで、ランク付けを行った。
5. マーケットタイミングによってプラスまたはマイナスの影響が出る可能性を最小化し、30銘柄を等ウエートで保有するポートフォリオが各期間にどのようなパフォーマンスを示したかを判断するために、各ポートフォリオは、構成する30銘柄が等ウエートになるように月次でリバランスされている。
6. 株式の売買価格は、各月の最初の10取引日の終値の出来高加重平均とした。シミュレーションでは取引コストを1株当たり0.01ドルとした。また、1日の最大取引量は、10取引日を通じて、ターゲットとなる保有量の10％とした。
7. シミュレーションによるパフォーマンスは、投資顧問料を差し引く前のものである。
8. シミュレーションによるパフォーマンスの結果には、固有の限界がある。いかなるモデルも、またモデルの組み合わせも、ここで示されたパフォーマンスを再現するものではない。シミュレーションによるパフォーマンスも、これまでの実際のパフォーマンスも将来のパフォーマンスを保証するものではない。

5000万ドル以上

年間リターン（1973～2017年）

	S&P500	魔法の公式	買収者のマルチプル
1973	−16.8%	−48.6%	−37.0%
1974	−20.3%	−23.6%	−17.2%
1975	31.0%	73.6%	67.0%
1976	1.2%	64.2%	67.7%
1977	−12.5%	24.6%	28.3%
1978	12.0%	33.6%	32.0%
1979	14.2%	43.7%	43.2%
1980	13.5%	43.0%	49.0%
1981	−7.1%	5.1%	17.2%
1982	20.7%	35.3%	41.5%
1983	12.5%	48.0%	46.5%
1984	9.9%	−10.4%	5.7%
1985	17.9%	38.7%	46.7%
1986	29.4%	25.5%	34.7%
1987	−6.2%	−11.5%	−12.6%
1988	15.7%	40.8%	25.5%
1989	10.6%	21.2%	14.0%
1990	4.5%	−5.8%	−24.5%
1991	18.9%	73.9%	59.5%
1992	7.3%	16.8%	23.3%
1993	9.8%	1.1%	17.8%
1994	−2.3%	6.6%	−10.8%
1995	35.2%	20.5%	23.2%
1996	23.6%	32.7%	28.7%
1997	24.7%	13.5%	30.0%
1998	30.5%	1.8%	−5.8%
1999	9.0%	18.4%	22.9%
2000	−2.0%	23.9%	24.8%

2001	−17.3%	32.5%	57.3%
2002	−24.3%	26.1%	4.7%
2003	32.2%	65.4%	84.9%
2004	4.4%	31.5%	36.5%
2005	8.4%	8.0%	3.6%
2006	12.4%	11.6%	25.9%
2007	−4.2%	−1.8%	−11.7%
2008	−40.1%	−40.4%	−29.3%
2009	30.0%	51.6%	91.0%
2010	19.8%	15.8%	44.2%
2011	2.0%	−6.1%	−21.2%
2012	14.1%	3.8%	6.4%
2013	19.0%	50.9%	31.5%
2014	11.9%	6.9%	5.2%
2015	−2.7%	−19.5%	−13.2%
2016	17.5%	22.4%	29.5%
2017Q1	4.6%	3.1%	−1.0%
平均	7.1%	16.2%	18.6%

付録――シミュレーションの詳細

1973年に買収者のマルチプル、魔法の公式、ピュア・チャーリーとS&P500に1万ドルを投資したときの比較――時価総額5000万ドル以上の30銘柄（1973～2017年。対数目盛りで表示）

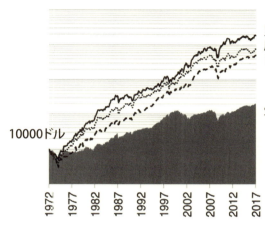

5000万ドルのサンプル統計（1973～2017年）

	ピュア・チャーリー	魔法の公式	買収者のマルチプル	S&P500トータルリターン
リターン	15.1%	16.2%	18.6%	10.3%
標準偏差	19.4%	22.6%	23.2%	15.3%
トラッキングエラー	11.8%	15.0%	16.1%	N/A
最大ドローダウン	69.5%	60.7%	51.2%	50.9%
シャープレシオ	0.53	0.50	0.59	0.36
ソルティノレシオ	0.50	0.50	0.60	0.33
CAPMアルファ	4.3%	4.7%	7.0%	N/A
CAPMベータ	1.02	1.12	1.10	N/A
S&P500のトータルリターンとの相関	0.80	0.76	0.74	N/A

2億ドル以上

年間リターン（1973～2017年）

	S&P500	魔法の公式	買収者のマルチプル
1973	−16.8%	−43.7%	−33.2%
1974	−20.3%	−22.6%	−22.2%
1975	31.0%	67.1%	59.2%
1976	1.2%	55.4%	60.5%
1977	−12.5%	20.4%	15.8%
1978	12.0%	32.2%	29.2%
1979	14.2%	47.9%	46.1%
1980	13.5%	42.5%	39.8%
1981	−7.1%	5.2%	4.4%
1982	20.7%	27.1%	28.3%
1983	12.5%	36.0%	40.2%
1984	9.9%	4.2%	15.3%
1985	17.9%	36.5%	33.2%
1986	29.4%	10.8%	22.9%
1987	−6.2%	−14.6%	−15.4%
1988	15.7%	50.2%	34.5%
1989	10.6%	20.0%	16.2%
1990	4.5%	−4.0%	−16.2%
1991	18.9%	64.9%	44.9%
1992	7.3%	32.3%	26.8%
1993	9.8%	−4.6%	13.0%
1994	−2.3%	9.6%	2.1%
1995	35.2%	28.1%	27.4%
1996	23.6%	27.0%	34.9%
1997	24.7%	31.4%	26.9%
1998	30.5%	21.0%	−4.6%
1999	9.0%	11.6%	18.5%
2000	−2.0%	34.9%	20.9%

2001	−17.3%	29.7%	44.1%
2002	−24.3%	20.1%	15.3%
2003	32.2%	60.4%	61.7%
2004	4.4%	32.6%	40.9%
2005	8.4%	7.2%	16.0%
2006	12.4%	12.8%	24.5%
2007	−4.2%	4.7%	−10.0%
2008	−40.1%	−37.3%	−32.1%
2009	30.0%	40.8%	66.2%
2010	19.8%	18.2%	39.4%
2011	2.0%	−2.7%	−11.5%
2012	14.1%	6.7%	14.3%
2013	19.0%	56.9%	42.1%
2014	11.9%	13.7%	1.4%
2015	−2.7%	−15.2%	−6.6%
2016	17.5%	11.8%	21.9%
2017Q1	4.6%	2.2%	−2.8%
平均	7.1%	17.2%	17.5%

1973年に買収者のマルチプル、魔法の公式、ピュア・チャーリーと
S&P500に1万ドルを投資したときの比較——時価総額2億ドル以上の
30銘柄（1973～2017年。対象目盛りで表示）

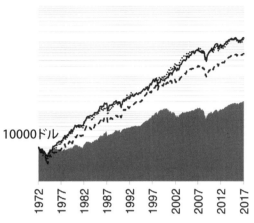

買収者のマルチプル　1260万ドル
魔法の公式　1120万ドル
ピュア・チャーリー　450万ドル
S&P500　20万5481ドル

2億ドルのサンプル統計（1973～2017年）

	ピュア・チャーリー	魔法の公式	買収者のマルチプル	S&P500トータルリターン
リターン	14.8%	17.2%	17.5%	10.3%
標準偏差	19.3%	21.8%	22.4%	15.3%
トラッキングエラー	11.1%	13.6%	14.4%	N/A
最大ドローダウン	66.9%	56.4%	54.5%	50.9%
シャープレシオ	0.52	0.57	0.57	0.36
ソルティノレシオ	0.47	0.56	0.56	0.33
CAPMアルファ	3.9%	5.6%	5.8%	N/A
CAPMベータ	1.05	1.13	1.15	N/A
S&P500のトータルリターンとの相関	0.83	0.79	0.78	N/A

10億ドル以上

年間リターン（1973〜2017年）

	S&P500	魔法の公式	買収者のマルチプル
1973	−16.8%	−33.9%	−31.2%
1974	−20.3%	−21.4%	−17.3%
1975	31.0%	53.6%	47.6%
1976	1.2%	52.0%	64.7%
1977	−12.5%	8.7%	11.3%
1978	12.0%	23.3%	19.9%
1979	14.2%	38.3%	47.1%
1980	13.5%	32.2%	29.6%
1981	−7.1%	0.2%	10.6%
1982	20.7%	21.3%	18.6%
1983	12.5%	26.9%	31.0%
1984	9.9%	9.4%	20.7%
1985	17.9%	40.3%	40.4%
1986	29.4%	20.4%	22.5%
1987	−6.2%	−3.1%	7.7%
1988	15.7%	28.0%	37.0%
1989	10.6%	17.2%	16.0%
1990	4.5%	6.0%	−7.9%
1991	18.9%	50.4%	36.9%
1992	7.3%	21.9%	25.3%
1993	9.8%	−0.6%	14.4%
1994	−2.3%	14.5%	15.1%
1995	35.2%	38.5%	36.6%
1996	23.6%	17.8%	18.1%
1997	24.7%	28.4%	28.4%
1998	30.5%	10.3%	−0.3%
1999	9.0%	8.5%	8.9%
2000	−2.0%	18.8%	16.1%

2001	−17.3%	39.1%	34.5%
2002	−24.3%	1.0%	−2.9%
2003	32.2%	51.6%	65.5%
2004	4.4%	25.5%	36.8%
2005	8.4%	19.4%	35.5%
2006	12.4%	19.7%	15.7%
2007	−4.2%	12.7%	8.2%
2008	−40.1%	−43.0%	−44.2%
2009	30.0%	56.7%	77.9%
2010	19.8%	7.5%	14.2%
2011	2.0%	13.0%	5.3%
2012	14.1%	5.6%	19.5%
2013	19.0%	54.2%	47.4%
2014	11.9%	17.4%	17.7%
2015	−2.7%	−8.8%	−11.6%
2016	17.5%	9.3%	15.3%
2017Q1	4.6%	5.0%	1.0%
平均	7.1%	16.2%	17.9%

付録──シミュレーションの詳細

1973年に買収者のマルチプル、魔法の公式、ピュア・チャーリーとS&P500に1万ドルを投資したときの比較──時価総額10億ドル以上の30銘柄（1973〜2017年。対数目盛りで表示）

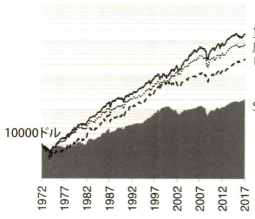

10億ドルのサンプル統計（1973〜2017年）

	ピュア・チャーリー	魔法の公式	買収者のマルチプル	S&P500トータルリターン
リターン	13.7%	16.2%	17.9%	10.3%
標準偏差	19.6%	20.3%	21.4%	15.3%
トラッキングエラー	10.0%	11.2%	12.8%	N/A
最大ドローダウン	65.2%	54.2%	57.8%	50.9%
シャープレシオ	0.45	0.56	0.61	0.36
ソルティノレシオ	0.43	0.54	0.61	0.33
CAPMアルファ	2.5%	4.7%	6.3%	N/A
CAPMベータ	1.12	1.13	1.13	N/A
S&P500のトータルリターンとの相関	0.87	0.85	0.81	N/A

注釈

1. Warren Buffett, "The Superinvestors of Graham-and-Doddsville," *Columbia Business*, May 17, 1984.
2. Shaun Tully, "The hottest investor in America," *Fortune*, May30, 2007.
3. Shaun Tully, "The hottest investor in America," *Fortune*, May30, 2007.
4. Shaun Tully, "The hottest investor in America," *Fortune*, May30, 2007.
5. マイケル・スタインハルト著『ヘッジファンドの帝王――ウォール街を勝ち上がった男の光と影』(パンローリング)
6. Ray Dalio, "The Culture Principle," *The New York Times Conferences*, March 7, 2017. Available at https://www.youtube.com/watch?v=h-2KHec3KNyQ
7. Howards Marks, "The Most Important Thing Illuminated : Uncommon Sense for the Thoughtful Investor, *Columbia Business School Publishing*, April 17, 2012
8. Andy Rachleff, "Demystifying Venture Capital Economics,Part 1," *Wealthfront*. June 19, 2014. Available at https://blog.wealthfront.com/venture-capital-economics/
9. Charlie Rose interview with Michael Steinhardt, *Charlie Rose Show*, PBS, December 21, 2001. Available at http://www.charlierose.com/view/interview/2766
10. Seth Klarman, Speech to Columbia Business School on October 2, 2008, Reproduced in *Outstanding Investor Digest* 22, nos.1-2 (March 17, 2009): 3.
11. Benjamin Graham, "Stock Market Study. Hearings Before The Committee on Banking and Currency, United States Senate, Eighty-Fourth Congress, First Session on Factors Affecting the Buying and Selling of Equity Securities." (March 3, 1955) *United States Government Printing Office*. Washington. 1955. Available at https://www8.gsb.columbia.edu/rtfiles/Heilbrunn/Schloss%20Archives%20for%20Value%20Investing/Stock%20Market%20Study.pdf
12. Jeremy Grantham, Jeremy Grantham, Barron's (c. 2006), via Katsenelson, *The Little Book of Sideways Markets*.
13. Warren Buffett, "Mr. Buffett on the Stock Market," *Fortune*, November 11, 1999. Available at http://archive.fortune.com/magazines/fortune/fortune_archive/1999/11/22/269071/index.htm

14. Seth Klarman, "Margin of Safety: Risk-Averse Value Investing Strategies for the Thoughtful Investor," *HarperColins*, October 1991.
15. Warren Buffett. "Chairman's Letter." *Berkshire Hathaway, Inc. Annual Report*, 1989. Available at http://www.berkshirehathaway.com/letters/1989.html
16. Warren Buffett, "Letter to Partners, 1961," *Buffett Partnership*. Available at https://www.pragcap.com/warren-buffett-partnership-letters/
17. Warren Buffett, "Letter to Partners, 1961," *Buffett Partnership*. Available at https://www.pragcap.com/warren-buffett-partnership-letters/
18. Warren Buffett, "Letter to Partners, 1961," *Buffett Partnership*. Available at https://www.pragcap.com/warren-buffett-partnership-letters/
19. Warren Buffett, "Letter to Partners, 1961," *Buffett Partnership*. Available at https://www.pragcap.com/warren-buffett-partnership-letters/
20. Alice Schroeder, "The Snowball: Warren Buffett and the Business of Life," *Bantam*, September 29, 2008.
21. Warren Buffett. "Chairman's Letter." *Berkshire Hathaway, Inc. Annual Report*, 1985. Available at http://www.berkshirehathaway.com/letters/1985.html
22. ジャネット・ロウ著『投資参謀マンガー――世界一の投資家バフェットを陰で支えた男』(パンローリング)
23. ジャネット・ロウ著『投資参謀マンガー――世界一の投資家バフェットを陰で支えた男』(パンローリング)
24. ジャネット・ロウ著『投資参謀マンガー――世界一の投資家バフェットを陰で支えた男』(パンローリング)
25. アリス・シュローダー著『スノーボール――ウォーレン・バフェット伝』(日本経済新聞出版社)
26. アリス・シュローダー著『スノーボール――ウォーレン・バフェット伝』(日本経済新聞出版社)
27. アリス・シュローダー著『スノーボール――ウォーレン・バフェット伝』(日本経済新聞出版社)
28. アリス・シュローダー著『スノーボール――ウォーレン・バフェット伝』(日本経済新聞出版社)
29. アリス・シュローダー著『スノーボール――ウォーレン・バフェット伝』(日本経済新聞出版社)
30. アリス・シュローダー著『スノーボール――ウォーレン・バフェット伝』(日本経済新聞出版社)
31. Warren Buffett. "Chairman's Letter." *Berkshire Hathaway, Inc. Annual Report*, 1989. Available at http://www.berkshirehathaway.com/letters/1989.html
32. Warren Buffett. "Chairman's Letter." *Berkshire Hathaway, Inc. Annual Report*, 2007. Available at http://www.berkshirehathaway.com/letters/2007.html.

33. Warren Buffett. "Chairman's Letter." *Berkshire Hathaway, Inc. Annual Report*, 1991. Available at http://www.berkshirehathaway.com/letters/1991.html.
34. Warren Buffett. "Chairman's Letter." *Berkshire Hathaway, Inc. Annual Report*, 1989. Available at http://www.berkshirehathaway.com/letters/1989.html
35. Warren Buffett. "Chairman's Letter." *Berkshire Hathaway, Inc. Annual Report*, 1988. Available at http://www.berkshirehathaway.com/letters/1988.html
36. ベンジャミン・グレアムとデビッド・L・ドッド著『証券分析』(パンローリング)
37. Warren Buffett. "Chairman's Letter." *Berkshire Hathaway, Inc. Annual Report*, 1989. Available at http://www.berkshirehathaway.com/letters/1989.html
38. ロジャー・ローウェンスタイン著『ビジネスは人なり 投資は価値なり──ウォーレン・バフェット』(総合法令出版)
39. ジョエル・グリーンブラット著『株デビューする前に知っておくべき「魔法の公式」──ハラハラドキドキが嫌いな小心者のための投資入門』(パンローリング)
40. ジョエル・グリーンブラット著『株デビューする前に知っておくべき「魔法の公式」──ハラハラドキドキが嫌いな小心者のための投資入門』(パンローリング)
41. Warren Buffett. "Chairman's Letter." *Berkshire Hathaway, Inc. Annual Report*, 2014. Available at http://www.berkshirehathaway.com/letters/2014.html
42. Warren Buffett. "Chairman's Letter." *Berkshire Hathaway, Inc. Annual Report*, 1993. Available at http://www.berkshirehathaway.com/letters/1993.html
43. James Montier. "The Little Note that Beats the Market." *DrKW Macro Research*, March 9, 2006.
44. Tim Loughran and Jay W. Wellman. "New Evidence on the Relation Between the Enterprise Multiple and Average Stock Returns (September 5, 2010)." Available at SSRN: http://ssrn.com/abstract=1481279 or http://dx.doi.org/10.2139/ssrn.1481279
45. Benjamin Graham. "A Conversation with Benjamin Graham." Financial Analysts Journal, Vol. 32, No. 5 (1976), pp. 20-23.
46. J. Greenblatt, R. Pzena, and B. Newberg. "How the small investor can beat the market." *The Journal of Portfolio Management*, Summer 1981, 48-52.
47. Michelle Clayman. "In Search of Excellence: The Investor's Veiwpoint." *Financial Analysts Journal*, May-June 1987, 54. Suggested by Damodaran, 2012
48. Barry B. Bannister and Jesse Cantor. "In Search of "Un-Excellence" --An Endorsement of Value-style Investing" *Stifel Financial Corp*. July 16, 2013.

49. Mark Stevens, *King Icahn* (New York: Penguin Group, 1993).
50. Mark Stevens, *King Icahn* (New York: Penguin Group, 1993).
51. Mark Stevens, *King Icahn* (New York: Penguin Group, 1993).
52. Mark Stevens, *King Icahn* (New York: Penguin Group, 1993).
53. Robert L. Chapman, Letter to J. Michael Wilson dated March 30, 2000, Exhibit A to Schedule 13D, March 31, 2000. Available at https://www.sec.gov/Archives/edgar/data/1017766/000101359400000097/0001013594-00-000097.txt
54. Robert L. Chapman, Letter to J. Michael Wilson dated March 30, 2000, Exhibit A to Schedule 13D. Available at https://www.sec.gov/Archives/edgar/data/1017766/000101359400000097/0001013594-00-000097.txt
55. Robert L. Chapman, Exhibit A to Schedule 13D, February 7, 2001. Available at https://www.sec.gov/Archives/edgar/data/1017766/000101359401000043/0001013594-01-000043.txt
56. Daniel Loeb, "Letter to Chief Executive Officer," September 8, 2000. Available at https://www.sec.gov/Archives/edgar/data/1040273/000089914000000393/0000899140-00-000393-0003.txt
57. Daniel Loeb, "Letter to Chief Executive Officer," September 8, 2000. Available at https://www.sec.gov/Archives/edgar/data/1040273/000089914000000393/0000899140-00-000393-0003.txt
58. Daniel Loeb, "Letter to Chief Executive Officer," September 8, 2000. Available at https://www.sec.gov/Archives/edgar/data/1040273/000089914000000393/0000899140-00-000393-0003.txt
59. David Einhorn. "iPrefs: Unlocking Value." Greenlight Capital, 2013. Available at https://www.greenlightcapital.com/905284.pdf
60. David Einhorn. "iPrefs: Unlocking Value." Greenlight Capital, 2013. Available at https://www.greenlightcapital.com/905284.pdf
61. Carl Icahn, Letter to Tim Cook. Available at https://www.cnbc.com/2013/10/24/carl-icahns-letter-to-tim-cook.html
62. Carl C Icahn, Tweet, 11:21 AM, August 14, 2013. Available at https://twitter.com/Carl_C_Icahn/statuses/367350206993399808
63. David Einhorn. "iPrefs: Unlocking Value." *Greenlight Capital,* 2013. Available at https://www.greenlightcapital.com/905284.pdf
64. Carl C Icahn, Tweet, 11:12 AM, 11:13 AM, August 19, 2014. Available at https://twitter.com/Carl_C_Icahn/status/501794143413493760, https://twitter.com/Carl_C_Icahn/status/501794076942172160, https://twitter.com/Carl_C_Icahn/status/501793872159449089
65. Author, Tweet, 5:07 PM, April 24, 2013. Available at https://twitter.com/Greenbackd/status/327212261716398081
66. Author, Tweet, 7:19 AM, April 27, 2016. Available at https://twitter.com/Greenbackd/status/725328530167463936
67. ベンジャミン・グレアムとデビッド・L・ドッド著『証券分析』(パンローリング)

68. Michael A. Bishop. and J. D. Trout. "50 years of successful predictive modeling should be enough: Lessons for philosophy of science." *Philosophy of Science* 69.S3 (2002): S197-S208.
69. Michael A. Bishop. and J. D. Trout. "50 years of successful predictive modeling should be enough: Lessons for philosophy of science." *Philosophy of Science* 69.S3 (2002): S197-S208.

著者について

　トビアス・カーライルは、カーボン・ビーチ・アセットマネジメントLLCの創業者、マネジングディレクターであり、同社が運用するファンドの共同ポートフォリオマネジャーを務めてもいる。

　彼は、ベストセラーとなった『ディープバリュー──ホワイ・アクティビスツ・インベスターズ・アンド・アザー・コントラリアンズ・バトル・フォア・コントロール・オブ・ルージング・コーポレーションズ（Deep Value : Why Activists Investors and Other Contrarians Battle for Control of Losing Corporations）』の著者である。共著に『コンセントレイティド・インベスティング──ストラテジーズ・オブ・ザ・ワールルズ・グレイテスト・コンセントレイティド・バリュー・インベスターズ（Concentrated Investing : Strategies of the World's Greatest Concentrated Value Investors）』『クオンティテイティブ・バリュー──ア・プラクティショナーズ・ガイド・トゥ・オートメイティング・インテリジェント・インベストメント・アンド・エリミネイティング・ビヘイビラル・エラーズ（Quantitative Value : A Practitioner's Guide to Automating Intelligent Investment and Eliminating Behavioral Errors）』がある。彼の著作は5カ国語に翻訳されている。彼はまた、2つのウェブサイト「https://acquirersmultiple.com/」と「https://greenbackd.com/」を運営している。ツイッターのアカウントは「@Greenbackd」である。

　資産運用、事業評価、コーポレートガバナンス、そして企業法務と、彼の業務経験は幅広いものがある。2010年にカーボン・ビーチの前身となる企業を創業する前には、アクティビスト・ヘッジファンドのアナリスト、オーストラリア証券取引所上場企業の顧問弁護士や企業の顧問弁護士を歴任した。M&Aを専門とする弁護士として、アメリカ、

イギリス、中国、オーストラリア、シンガポール、バミューダ、パプアニューギニア、ニュージーランド、グアムにおけるさまざまな産業のディールに助言を行ってきた。

　2001年にオーストラリアのクイーンズランド大学法学部を、1999年に同経営学部を卒業している。

■著者紹介
トビアス・E・カーライル（Tobias E. Carlisle）

カーボン・ビーチ・アセットマネジメントLLCの創業者兼マネジングディレクターで、同社が運用するファンドの共同ポートフォリオマネジャー。資産運用、事業評価、コーポレートガバナンス、企業法務と、業務経験は幅広い。2010年にカーボン・ビーチの前身となる企業を創業する前にはアクティビスト・ヘッジファンドのアナリストやオーストラリア証券取引所上場企業の顧問弁護士や企業の顧問弁護士を歴任。M&Aを専門とする弁護士として、アメリカ、イギリスなど世界のさまざまな産業のディールに助言を行ってきた。1999年ににオーストラリアのクイーンズランド大学経営学部を、2001年に法学部を卒業。2つのウェブサイト「https://acquirersmultiple.com/」と「https://greenbackd.com/」を運営。ツイッターのアカウントは「@Greenbackd」。

■監修者紹介
長尾慎太郎（ながお・しんたろう）

東京大学工学部原子力工学科卒。北陸先端科学技術大学院大学・修士（知識科学）。日米の銀行、投資顧問会社、ヘッジファンドなどを経て、現在は大手運用会社勤務。訳書に『魔術師リンダ・ラリーの短期売買入門』『新マーケットの魔術師』など（いずれもパンローリング、共訳）、監修に『高勝率トレード学のススメ』『ラリー・ウィリアムズの短期売買法【第2版】』『コナーズの短期売買戦略』『続マーケットの魔術師』『続高勝率トレード学のススメ』『ウォール街のモメンタムウォーカー』『システマティックトレード』『株式投資で普通でない利益を得る』『成長株投資の神』『ブラックスワン回避法』『市場ベースの経営』『世界一簡単なアルゴリズムトレードの構築方法』『新装版 私は株で200万ドル儲けた』『リバモアの株式投資術』『ハーバード流ケースメソッドで学ぶバリュー投資』『システムトレード 検証と実践』『ウォール街のモメンタムウォーカー【個別銘柄編】』『マーケットのテクニカル分析』『とびきり良い会社をほどよい価格で買う方法』『インデックスは勝者のゲーム』『新訳 バブルの歴史』『株式トレード 基本と原則』『企業に何十億ドルものバリュエーションが付く理由』など、多数。

■訳者紹介
藤原玄（ふじわら・げん）

1977年生まれ。慶應義塾大学経済学部卒業。情報提供会社、米国の投資顧問会社在日連絡員を経て、現在、独立系投資会社に勤務。業務のかたわら、投資をはじめとするさまざまな分野の翻訳を手掛けている。訳書に『なぜ利益を上げている企業への投資が失敗するのか』『株デビューする前に知っておくべき「魔法の公式」』『ブラックスワン回避法』『ハーバード流ケースメソッドで学ぶバリュー投資』『堕天使バンカー』『ブラックエッジ』『インデックス投資は勝者のゲーム』『企業に何十億ドルものバリュエーションが付く理由』（パンローリング）などがある。

2018年10月3日　初版第1刷発行

ウィザードブックシリーズ ⑱

ディープバリュー投資入門
──平均回帰が割安銘柄を上昇させる

著　者	トビアス・E・カーライル
監修者	長尾慎太郎
訳　者	藤原玄
発行者	後藤康徳
発行所	パンローリング株式会社
	〒160-0023　東京都新宿区西新宿7-9-18　6階
	TEL 03-5386-7391　FAX 03-5386-7393
	http://www.panrolling.com/
	E-mail　info@panrolling.com
編　集	エフ・ジー・アイ（Factory of Gnomic Three Monkeys Investment）合資会社
装　丁	パンローリング装丁室
組　版	パンローリング制作室
印刷・製本	株式会社シナノ

ISBN978-4-7759-7236-6

落丁・乱丁本はお取り替えします。
また、本書の全部、または一部を複写・複製・転訳載、および磁気・光記録媒体に
入力することなどは、著作権法上の例外を除き禁じられています。

本文　©Gen Fujiwara／図表　©Pan Rolling　2018 Printed in Japan

ウィザードブックシリーズ 105

株デビューする前に知っておくべき「魔法の公式」

ジョエル・グリーンブラット【著】

定価 本体1,600円+税　ISBN:9784775970713

優れた企業を割安な価格で買える「魔法の公式」とは……

本書は、株式市場への投資で成功するための基本原則を示すだけでなく、利用しやすく、優れた企業を割安な価格で自動的に取得できるようになる「魔法の公式」を提示している。市場平均やプロの資産運用者に大差をつけて打ち勝つ方法を学び、またその過程で、株式市場の見方、どうしてほとんどの個人投資家やプロの投資家は成功を逃すのか、そして、どうしてこの「魔法の公式」はみんながそれを「知った」あとでも、機能し続けるのかを学ぶことだろう。

ウィザードブックシリーズ 220

バリュー投資アイデアマニュアル

ジョン・ミハルジェビック【著】

定価 本体2,800円+税　ISBN:9784775971888

「あなたの性格に合ったバリュー投資法」を探せ！プチバフェットになるための金鉱を掘り当てる！

100人以上のトップファンドマネジャーのインタビューに基づいた本書は、知恵の宝庫であり、ウォーレン・バフェット、グレン・グリーンバーグ、ジョエル・グリーンブラットといったスーパーバリュー投資家の思考の過程も垣間見ることができる。本書のテーマである素晴らしいアイデアは、投資の活力の元である。これを読んで、利益につながる新しい独自のバリュー投資のアイデアを生み出す方法を学んでほしい。

ウィザードブックシリーズ 265

株式トレード 基本と原則

マーク・ミネルヴィニ【著】

定価 本体3,800円+税　ISBN:9784775972342

生涯に渡って使えるトレード力を向上させる知識が満載！

本書はミネルヴィニをアメリカで最も成功した株式トレーダーの1人にしたトレードルールや秘密のテクニックを惜しげもなく明らかにしている。

株式投資のノウハウに本気で取り組む気持ちさえあれば、リスクを最低限に維持しつつ、リターンを劇的に増やす方法を学ぶことができるだろう。ミネルヴィニは時の試練に耐えた市場で勝つルールの使い方を段階を追って示し、投資成績を向上させて素晴らしいパフォーマンスを達成するために必要な自信もつけさせてくれるだろう。

ウィザードブックシリーズ 266

企業に何十億ドルもの
バリュエーションが付く理由

アスワス・ダモダラン【著】

定価 本体3,800円+税　ISBN:9784775972359

企業価値評価に欠かせない
ストーリーと計算！

一度も利益を上げたことのない企業が何十億ドルものバリュエーションを付けるのはどうしてなのだろうか。なぜ巨額の投資を得られるスタートアップ企業が存在するのか。ファイナンスの教授であり、投資家としても経験豊富なアスワス・ダモダランが、数字を肉づけし、用心深い投資家にもリスクをとらせ、企業価値を高めるストーリーの力について論じている。

ウィザードブックシリーズ260
とびきり良い会社を
ほどよい価格で買う方法

チャーリー・ティエン【著】

定価 本体2,800円+税　ISBN:9784775972304

投資の達人と同じように投資できる！
グルの投資手法をまねる！

バリュー投資で名高いウォーレン・バフェットは、「私はほどよい会社をとびきり安く買うよりも、とびきり良い会社をほどよい価格で買いたい」と事あるごとに言っている。バフェットに巨万の富をもたらしたのは、この単純明快な経験則だった。そして、これは今や優れたバリュー投資法として世に知られている。この種の投資戦略で富を築くための重要なカギは、株価と企業の質を正確に測ることだ。本書はその両方を1冊で解決する情報源である。

ウィザードブックシリーズ247
ハーバード流ケースメソッドで学ぶ
バリュー投資

エドガー・ヴァヘンハイム三世【著】

定価 本体3,800円+税　ISBN:9784775972182

バフェットに並ぶ巨人（ウォール街最高の知恵）
の手法が明らかに！

バリュー投資の巨人が、資金を守り、そして増やすために、実際の現場で用いられた投資手法や投資戦略を直接伝授してくれる。バリュー投資家として成功するために、筆者が実際に用いる25の戦略と回避すべき落とし穴とが明らかにされている。本書でつづられている一連の知恵を目の当たりにすれば、経験豊富な投資家が日ごろ取り組んでいることが明らかとなるし、それは読者自身の投資戦略を改善させることになるであろう。

ウィザードブックシリーズ147

千年投資の公理

パット・ドーシー【著】

定価 本体2,000円+税　ISBN:9784775971147

1000年たっても有効な永遠不滅のバフェット流投資術！ 未曽有の金融危機に最適の投資法！

浮かれすぎたバブル期とは反対に、恐慌期や経済危機の時期には人心が冷え切っているために優れた企業も売られ過ぎになり、あとから見たときに絶好の買い場になっている場合が多い。バフェット流の経済的な「堀」のある企業の見つけ方を初心者にも分かるように、平易なやり方で紹介する。バフェットが提唱した「堀」はけっして新しい概念ではないけれども、本書を読めば、今日の投資家でもこの素晴らしい投資法を自信を持って実践することができるようになる。堀こそが投資分析ツールの欠かせない重要な要素であることが理解できれば、この手法を使って、高いリターンを上げる銘柄だけであなたのポートフォリオを埋め尽くすことができるだろう！

ウィザードブックシリーズ152

黒の株券

デビッド・アインホーン／ジョエル・グリーンブラット【著】

定価 本体2,300円+税　ISBN:9784775971192

バフェットとの昼食権を25万ドルで取得した、バリュー系ヘッジファンドの創始者の壮絶な戦い！

本書は、読者の心をわしづかみにするような現在進行形の武勇伝を時系列でまとめたもので、60億ドルを運用するヘッジファンドのグリーンライト・キャピタルがどのように投資リサーチを行っているのか、また悪徳企業の策略とはどんなものなのかを詳述している。読み進めていくうちに、規制当局の無能な役人、妥協する政治家、ウォール街の上得意先が違法行為にさらされないようにと資本市場が築いたバリケードを目の当たりにするだろう。

ウィザードブックシリーズ 230

勘違いエリートが
真のバリュー投資家になるまでの物語

ガイ・スピア【著】

定価 本体2,200円+税　ISBN:9784775971994

バフェットとのランチ権を65万ドルで買った男！
まるで本書は「バフェットへのラブレター」だ！

　本書は、生意気で自己中心的だった若い銀行家が驚くべき変身を遂げて、自分のルールで運用するヘッジファンドマネジャーとして大成功を収めるまでの記録である。

　彼は内省と、一流投資家たちとの友情と、彼にとってのヒーローであるウォーレン・バフェットとのチャリティー昼食会（65万0100ドルで落札した）を通じて進化を遂げていった。この昼食会から1年もたたずに、彼はマンハッタンからチューリッヒに移住し、新規顧客への管理手数料を廃止し、株価を頻繁にチェックするのもやめてしまったのである。

　この物語には、投資やビジネスや大金がかかった判断に関することについて多くの驚くような洞察があふれている。

ウィザードブックシリーズ 214

破天荒な経営者たち
8人の型破りなCEOが実現した桁外れの成功

ウィリアム・N・ソーンダイク・ジュニア【著】

定価 本体2,800円+税　ISBN:9784775971826

非常識なことこそが
優れたパフォーマンスを上げるコツ！

　本書は直観には反するが爽快な1冊だ。著者は、成功した投資家としての知恵を駆使して8つの会社とその経営者を細かく分析し、そのパフォーマンスを明らかにしている。本書で紹介する8人の個性的なCEOの会社は、株価の平均リターンがS&P500のそれを20倍以上上回っている。つまり、8人にそれぞれに1万ドルを投資していれば、25年後にはそれが150万ドルに増えたことになる。彼らの名前は知らなくても、彼らの会社は聞いたことがあるだろう――ゼネラル・シネマ、ラルストン・ピュリーナ、ワシントン・ポスト、バークシャー・ハサウェイ、ゼネラル・ダイナミクス、キャピタル・シティーズ・ブロードキャスティング、TCI、テレダイン。本書は、個性的なリーダーたちがこれほど桁外れのパフォーマンスを上げる助けとなった特徴と手法――彼らの一貫性と執ようなまでの合理性――を紹介していく。

ベンジャミン・グレアム

1894/05/08 ロンドン生まれ。1914 年アメリカ・コロンビア大学卒。ニューバーガー・ローブ社（ニューヨークの証券会社）に入社、1923-56 年グレアム・ノーマン・コーポレーション社長、1956年以来カリフォルニア大学教授、ニューヨーク金融協会理事、証券アナリストセミナー評議員を歴任する。バリュー投資理論の考案者であり、おそらく過去最大の影響力を誇る投資家である。

ウィザードブックシリーズ10
賢明なる投資家
割安株の見つけ方とバリュー投資を成功させる方法

定価 本体3,800円+税　ISBN:9784939103292

市場低迷の時期こそ、威力を発揮する「バリュー投資のバイブル」

ウォーレン・バフェットが師と仰ぎ、尊敬したベンジャミン・グレアムが残した「バリュー投資」の最高傑作！　だれも気づいていない将来伸びる「魅力のない二流企業株」や「割安株」の見つけ方を伝授。

ウィザードブックシリーズ87
新 賢明なる投資家
(上)・(下)

著者　ベンジャミン・グレアム／ジェイソン・ツバイク

上巻	定価 本体3,800円+税	ISBN:9784775970492
下巻	定価 本体3,800円+税	ISBN:9784775970508

時代を超えたグレアムの英知が今、よみがえる！

古典的名著に新たな注解が加わり、グレアムの時代を超えた英知が今日の市場に再びよみがえった！ 20世紀最大の投資アドバイザー、ベンジャミン・グレアムは世界中の人々に投資教育を施し、インスピレーションを与えてきた。こんな時代だからこそ、グレアムのバリュー投資の意義がある！

ウィザードブックシリーズ44
証券分析【1934年版】
著者　ベンジャミン・グレアム／デビッド・L・ドッド

定価 本体9,800円+税　ISBN:9784775970058

「不朽の傑作」ついに完全邦訳！
研ぎ澄まされた鋭い分析力、実地に即した深い思想、そして妥協を許さない決然とした論理の感触。時を超えたかけがえのない知恵と価値を持つメッセージ。
ベンジャミン・グレアムをウォール街で不滅の存在にした不朽の傑作である。ここで展開されている割安な株式や債券のすぐれた発掘法にはいまだに類例がなく、現在も多くの投資家たちが実践しているものである。

ウィザードブックシリーズ207
グレアムからの手紙
賢明なる投資家になるための教え
著者 ベンジャミン・グレアム／編者 ジェイソン・ツバイク、ロドニー・N・サリバン

定価 本体3,800円+税　ISBN:9784775971741

投資の分野で歴史上最も卓越した洞察力を有した人物の集大成
ファイナンスの分野において歴史上最も卓越した洞察力を有した人物のひとりであるグレアムの半世紀にわたる証券分析のアイデアの進化を示す貴重な論文やインタビューのコレクション。

ウィザードブックシリーズ24
賢明なる投資家【財務諸表編】
著者　ベンジャミン・グレアム／スペンサー・B・メレディス

定価 本体3,800円+税　ISBN:9784939103469

企業財務が分かれば、バリュー株を発見できる
ベア・マーケットでの最強かつ基本的な手引き書であり、「賢明なる投資家」になるための必読書！
ブル・マーケットでも、ベア・マーケットでも、儲かる株は財務諸表を見れば分かる！

ウォーレン・バフェット

アメリカ合衆国の著名な投資家、経営者。世界最大の投資持株会社であるバークシャー・ハサウェイの筆頭株主であり、同社の会長兼CEOを務める。金融街ではなく地元オマハを中心とした生活を送っている為、敬愛の念を込めて「オマハの賢人」(Oracle of Omaha) とも呼ばれる。

ウィザードブックシリーズ239
バフェットからの手紙［第4版］
世界一の投資家が見たこれから伸びる会社、滅びる会社

定価 本体2,000円+税　ISBN:9784775972083

バフェット率いる投資会社バークシャー・ハサウェイの年次報告書で米企業の全体像がわかる！

生ける伝説の投資家が明かすコーポレート・ガバナンス、成長し続ける会社の経営、経営者の資質、企業統治、会計・財務とは──。

ウィザードブックシリーズ116
麗しのバフェット銘柄
下降相場を利用する選別的逆張り投資法の極意

定価 本体1,800円+税　ISBN:9784775970829

投資家ナンバー1になったバフェットの芸術的な選別的逆張り投資法とは

ビル・ゲイツと並ぶ世界的な株長者となったバフェットの選別的な逆張り投資法とは、下降相場を徹底的に利用したバリュー投資であり、本書ではそれを具体的に詳しく解説。

ウィザードブックシリーズ249

バフェットの重要投資案件20
1957-2014

イェフェイ・ルー【著】

定価 本体3,800円+税　ISBN:9784775972175

現代の一流ポートフォリオマネジャーが、バフェットが投資した企業の当時のデータを現代の視点で徹底検証!

1950年代以降、ウォーレン・バフェットと彼のパートナーたちは、20世紀の流れを作ってきた最も利益率が高い会社のいくつかに出資してきた。しかし、彼らはそれが正しい投資先だということを、どのようにして知ったのだろうか。前途有望な会社を探すために、何に注目したのだろうか。そして、何をどう分析すれば、彼らと同じような投資ができるのだろうか。

ウィザードブックシリーズ229

グレアム・バフェット流投資の
スクリーニングモデル

ルーク・L・ワイリー【著】

定価 本体3,800円+税　ISBN:9784775971963

「個人投資家」のための初めて開発された伝説的バリュー投資法

本書ではCFP(公認ファイナンシャルプランナー)のルーク・L・ワイリーが、人々に見落とされている優れた会社と素晴らしい投資機会を見つけるためのフィルターを紹介する。
豊富な経験と、幅広いリサーチ、そして健全な懐疑主義を基に、ワイリーは、会社の何を見ればよいのか、どういった条件を満たせばよいのか、そしてなぜそうした判断基準を使うのかを解説する。

ウィザードブックシリーズ203

バフェットの経営術
バークシャー・ハサウェイを率いた男は投資家ではなかった

定価 本体2,800円+税　ISBN:9784775971703

銘柄選択の天才ではない
本当のバフェットの姿が明らかに

企業統治の意味を定義し直したバフェットの内面を見つめ、経営者とリーダーとしてバークシャー・ハサウェイをアメリカで最大かつ最も成功しているコングロマリットのひとつに作り上げたバフェットの秘密を初めて明かした。

ウィザードブックシリーズ189

バフェット合衆国
世界最強企業
バークシャー・ハサウェイの舞台裏

定価 本体1,600円+税　ISBN:9784775971567

バークシャーには「バフェット」が何人もいる!

ウォーレン・バフェットの投資哲学は伝説になるほど有名だが、バークシャー・ハサウェイの経営者たちについて知る人は少ない。バークシャーの成功に貢献してきた取締役やCEOの素顔に迫り、身につけたスキルはどのようなものだったのか、いかにして世界で最もダイナミックなコングロマリットの一員になったのかについて紹介。

目次

- ■ 第1章 キャシー・バロン・タムラズ
- ■ 第2章 ランディー・ワトソン
- ■ 第3章 スタンフォード・リプシー
- ■ 第4章 バリー・タテルマン
- ■ 第5章 デニス・ノーツ
- ■ 第6章 ブラッド・キンスラー
- ■ 第7章 マーラ・ゴッチャーク
- ■ 第8章 デビッド・ソコル
- ■ 第9章 ウォルター・スコット・ジュニア

ウィリアム・J・オニール

証券投資で得た利益によって30歳でニューヨーク証券取引所の会員権を取得し、投資調査会社ウィリアム・オニール・アンド・カンパニーを設立。顧客には世界の大手機関投資家で資金運用を担当する600人が名を連ねる。保有資産が2億ドルを超えるニューUSAミューチュアルファンドを創設したほか、『インベスターズ・ビジネス・デイリー』の創立者でもある。

ウィザードブックシリーズ179
オニールの成長株発掘法【第4版】

定価 本体3,800円+税　ISBN:9784775971468

大暴落をいち早く見分ける方法

アメリカ屈指の投資家がやさしく解説した大化け銘柄発掘法！投資する銘柄を決定する場合、大きく分けて2種類のタイプがある。世界一の投資家、資産家であるウォーレン・バフェットが実践する「バリュー投資」と、このオニールの「成長株投資」だ。

ウィザードブックシリーズ93
オニールの空売り練習帖

定価 本体2,800円+税　ISBN:9784775970577

正しい側にいなければ、儲けることはできない

空売りのポジションをとるには本当の知識、市場でのノウハウ、そして大きな勇気が必要である。指値の設定方法から空売りのタイミング決定までの単純明快で時代を超えた永遠普遍なアドバイス。大切なことに集中し、最大の自信を持って空売りのトレードができるようになる。

ウィザードブックシリーズ198
株式売買スクール
オニールの生徒だからできた1万8000%の投資法

ギル・モラレス クリス・キャッチャー【著】

定価 本体3,800円+税　ISBN:9784775971659

株式市場の参加者の90%は事前の準備を怠っている

オニールのシステムをより完璧に近づけるために、何年も大化け株の特徴を探し出し、分析し、分類し、その有効性を確認するという作業を行った著者たちが研究と常識に基づいたルールを公開！

フィリップ・A・フィッシャー

1928年から証券分析の仕事を始め、1931年にコンサルティングを主としたフィッシャー・アンド・カンパニーを創業。現代投資理論を確立した1人として知られている。本書を執筆後、大学などでも教鞭を執った。著書に『株式投資で普通でない利益を得る』『投資哲学を作り上げる/保守的な投資家ほどよく眠る』（いずれもパンローリング）などがある。なお、息子であるケネス・L・フィッシャーは、運用総資産300億ドル以上の独立系資産運用会社フィッシャー・インベストメンツ社の創業者・会長兼CEO、フォーブス誌の名物コラム「ポートフォリオ・ストラテジー」執筆者、ベストセラー『ケン・フィッシャーのPSR株分析』『チャートで見る株式市場200年の歴史』『投資家が大切にしたいたった3つの疑問』（いずれもパンローリング）などの著者である。

ウィザードブックシリーズ 238

株式投資で普通でない利益を得る

定価 本体2,000円+税　ISBN:9784775972076

成長株投資の父が教える
バフェットを覚醒させた20世紀最高の書

バフェットが莫大な資産を築くのに大きな影響を与えたのが、成長株投資の祖を築いたフィリップ・フィッシャーの投資哲学だ。10倍にも値上がりする株の発掘法、成長企業でみるべき15のポイントなど、1958年初版から半世紀を経ても、現代に受け継がれる英知がつまった投資バイブル。

本書の内容
- 会社訪問をしたときにする質問（「まだ同業他社がしていないことで、御社がしていることは何ですか」）
- 周辺情報利用法
- 株を買うときに調べるべき15のポイント
- 投資界の常識に挑戦（「安いときに買って、高いときに売れ」には同意できない）
- 成功の核
- 株の売り時（正しい魅力的な株を買っておけば、そんなときは来ないかもしれない）
- 投資家が避けるべき5つのポイント
- 大切なのは未来を見ること（最も重視すべきは、これからの数年間に起こることは何かということ）